古典文獻研究輯刊

四 編

潘美月・杜潔祥 主編

第 16 冊

論清代《三國志》之研究—以校勘、評論、補注爲例

黃文榮 著

國家圖書館出版品預行編目資料

論清代《三國志》之研究——以校勘、評論、補注為例／黃文榮著 -- 初版 -- 台北縣永和市：花木蘭文化出版社，2007〔民96〕

目 2+148 面：19×26 公分
（古典文獻研究輯刊 四編：第 16 冊）
ISBN：978-986-6831-23-2（全套精裝）
ISBN：978-986-6831-09-6（精裝）
1. 三國志－研究與考訂
622.301   96004372

ISBN - 9866831096

9 789866 831096

古典文獻研究輯刊
四 編 第十六冊   ISBN：978-986-6831-09-6

論清代《三國志》之研究—以校勘、評論、補注為例

作 者 黃文榮
主 編 潘美月 杜潔祥
企劃出版 北京大學文化資源研究中心
出 版 花木蘭文化出版社
發 行 所 花木蘭文化出版社
發 行 人 高小娟
聯絡地址 台北縣永和市中正路五九五號七樓之三
電話：02-2923-1455／傳眞：02-2923-1452
電子信箱 sut81518@ms59.hinet.net
初 版 2007 年 3 月
定 價 四編 30 冊（精裝）新台幣 46,500 元
版權所有·請勿翻印

論清代《三國志》之研究
——以校勘、評論、補注爲例

黃文榮　著

作者簡介

黃文榮，台灣省雲林縣人，東海大學歷史學碩士，現為國立清華大學歷史所博士生，彰化縣二林高中歷史科教師。著有〈論清代《三國志》研究──以清人的《三國志》補注為例〉(《東吳歷史學報》10)、〈論清人的《三國志》校勘及其缺失〉(《中正歷史學刊》9)、〈乾嘉學者的《三國志》評論〉(《東吳歷史學報》13)、〈曹操的軍事幕僚研究〉(《輔仁歷史學報》16)、〈元末義兵述論〉(《成大歷史學報》29)、〈論《雲林縣志稿》與《嘉義縣志》的人物纂述〉(《台灣文獻》55：2)等數篇學術論文。目前研究以《三國志》研究史與雲嘉區域史為主

提　　要

本文論題為〈論清代《三國志》之研究──以校勘、評論、補注為例〉，筆者以校勘、評論、補注三類為觀察重點，試圖從歷史編纂、史學評論的角度，闡述清人研究《三國志》在這三方面的特點與優缺，進而對清代史學研究能有較深的認識。

第一章首先討論清代史學研究的背景，由社會、學術層面來探討這樣的背景對《三國志》研究所產生的影響。其次，再深入探討清代《三國志》研究概況，分析清人從事《三國志》研究的動機。最後將清代《三國志》研究略作區分，細分為：康雍時期、乾嘉時期以及道咸以後，討論各階段的研究情形。因此本章主要敘述清代《三國志》研究的背景環境，並分析各期研究的特點。第一章是清代《三國志》研究的綜論，第二章以後則深入研究清人研究著作中的校勘、評論、補注部分。故本文於第二、三、四章分別討論清人在校勘、評論、補注三方面的特點、內容以及問題，希望對此一範圍內的《三國志》研究做一評述。最末總結清人的研究成果，嘗試作出公允評價。

目錄

序　章

一、研究動機

　　三國，一個吸引眾多讀者，也是家喻戶曉的歷史時代。三國以後，各朝多有關於三國的著述，許多歷史、文學、藝術類的著作都涉及了這個時代的人、事、物，如《三國志》、《三國演義》、《關帝志》等。其中又以《三國演義》造成的影響最大，不僅「婦孺皆知」擁有廣大讀者群，受到的矚目更遠遠勝過《三國志》。這種現象自 80 年代文化研究興起後，更是變本加厲。《三國演義》引起的三國文化現象越來越吸引人們的注意與重視，研究《三國演義》及其在文學、歷史、戲劇等文化影響的著作多如過江之鯽，相反地以《三國志》為主的研究卻是屈指可數。在這樣的風氣影響下，《三國志》似乎淪為《三國演義》的配角。

　　其實從《三國志》問世後，誰為正統的問題就一直環繞著它，對《三國志》的研究也著重於此發揮，雖不斷有改編、論述《三國志》之舉，但多半是為了幫蜀漢爭正統，否定《三國志》的著作，如北宋唐庚在《三國雜事》序稱：「劉備父子相傳四十餘年，始終號漢，未嘗一稱蜀。其稱蜀者，流俗之語耳。陳壽黜其正號，從其俗稱，循魏晉之私意，廢史家之公法，用意如此，則其所書善惡，褒貶與奪，尚可信乎」？〔註 1〕唐庚以《三國志》稱蜀不稱漢為由，全面否定《三國志》的內容，可說是意識型態爭論的明顯例子。其餘如宋蕭常以「彼妄肆一時之意，莫如三國之書，既紀曹而傳劉，復貶漢而為蜀，以鬼蜮之雄，而接東京正統……，不可以訓，莫甚于斯」。〔註 2〕著《續後漢書》以正之。元郝經《續後漢書》亦因「嘗聞

─────────────────
〔註 1〕唐庚，《三國雜事‧序》，收入於《百部叢書集成》34，台北：藝文印書館，1967。
〔註 2〕蕭常，〈進續後漢書表〉，《續後漢書》，收入於《墨海金壺叢書》11（台北：大通書

縉紳先生餘論，謂壽書必當改作，竊有志焉。及先君臨終，復有遺命，斷欲爲之」。〔註3〕皆可見清以前《三國志》研究者的心態。嚴格說來，這些淪爲意識之爭的論著，對於《三國志》研究並無多大的助益，反倒在這種意氣之爭中，《三國志》出現不少訛文、衍文、脫文。〔註4〕因此眞正全面性研究《三國志》是自清代開始。清人對三國的興趣，不僅反映在俗的方面，上自皇帝議說《三國演義》，士大夫評點《三國演義》，下至販夫走卒議論三國人物，在雅的方面，也對《三國志》進行學術研究，所謂「百餘年來，長洲何氏焯、陳氏景雲、仁和杭氏世駿、趙氏一清、嘉定王氏鳴盛、錢氏大昕、大昭，陽湖洪氏亮吉、飴孫，吳江潘氏眉、沈氏欽韓、番禺侯氏康，或勘誤，或補缺，考證精密，讀史者咸引以爲助」。〔註5〕正說明此期研究的重要性。雖然「治《三國志》者固不如《史》、《漢》之勤，然甄覈異同，發正疑誤，其兗輯成帙者，亦不減三十家；而散見於文集札記者，尤爲繁勸」。〔註6〕據筆者的粗略估計，清代治《三國志》者還不僅於此，至少近百種專著，研究人數高達七十餘人。〔註7〕而且研究類型除考證外，舉凡校勘、編著、評論以及訓詁無一不致。儘管清人《三國志》研究雖有不錯表現，研究它的著作卻十分稀少，據筆者所見似乎只有楊耀坤的《陳壽評傳》〔註8〕。書中不同於其它三國文化研究，楊氏跳脫以往著力於三國戲劇、章回小說的探討，而以《三國志》研究歷程爲主，內容極爲詳實。比較可惜的是，書中述多而論少，而且對於清人《三國志》研究大多略述內容，並未深入探討各家《三國志》研究的優缺。爲了彌補研究者對清代《三國志》研究的忽略，筆者以〈論清代《三國志》之研究〉爲題，希望撰寫一本《三國志》研究論著，除塡補清代三國史學研究的空缺外，還希望發揚清人對《三國志》的貢獻，讓我們更了解這部抑鬱已久的史書。

局，1969），頁5919～5920。

〔註3〕 郝經，《續後漢書·序》（上海：上海商務印書館，1937），頁3。

〔註4〕 武英殿本《三國志》考證就指出不少明代以後各種《三國志》版本自改原書的誤處，如監本改武帝紀爲武帝操，「先主敗走，歸曹公，曹公厚遇之」，監本厚字作後。

〔註5〕 楊文蓀，《三國志旁證·序》，（福建：福建人民出版社，2000）。

〔註6〕 趙幼文，〈三國志集解獻疑初稿序〉，附入於《三國志校箋》，（四川：巴蜀書社，2001），頁2049。

〔註7〕 楊耀坤曾概略舉出清代研究《三國志》的著作，見氏著《陳壽評傳》，（南京：南京大學出版社，1998），頁144。不過所收書目有關漏者，如章陶的《季漢書》、湯成烈的九十卷《季漢書》、王復禮《季漢五志》以及《季漢職官志》等，詳見本文附錄一。

〔註8〕 除楊耀坤的《陳壽評傳》。另外，楊氏還有單篇的〈清人的三國志研究〉，收入氏著《魏晉南北朝史論稿》，（四川：成都出版社，1993年），頁42。

二、研究範圍

　　本文論題爲〈論清代《三國志》之研究—以校勘、評論、補注爲例〉，之所以校勘、評論、補注三類爲主，正如梁啓超先生所說，清人研究「大抵校勘前史文句之僞舛，其一也。訂正其所載事實之矛盾錯誤，其二也。補其遺闕，其三也。整齊其事實使有條理易省覽，其四也。其著述門類雖多，精神率皆歸於此四者。總而論之，清儒所高唱之實事求是主義，比較的尙能應用於史學界」。〔註9〕可以說清代學者將主要力氣都放在校注史籍、考證史書、補充舊史等工作，他們的研究不僅爲中國史學做出極大貢獻，也反映出這個時代的史學風氣。故筆者以校勘、評論、補注三類爲觀察重點，試圖從歷史編纂、史學評論的角度，闡述清人《三國志》研究在這三方面的特點與優缺，進而對清代史學能有較深的認識。

三、研究內容

　　中國史學研究本以存實、鑑今爲要，《三國志》研究既屬於史學範圍，自當以史學爲依歸，內容必重求實。而纂修則強調體例制訂之嚴謹，史料收集之完整、歷史考證之確實以及論斷見解之公允。其中史料徵實、體例完備可謂之「學」、敘述得體可謂之「才」、論斷公允可謂之「識」，三者正是劉知幾針對史學研究所提出的「史家三長」。〔註10〕是以本文以三長爲分析清代《三國志》研究的標準，從歷史編纂學的角度結合清代史學，對《三國志》研究的特點作縱向探討，又針對內容，分析其研究方法以及內容得失，作橫向的辨析，試圖以校勘、評論、補注爲例，將清代《三國志》研究與歷史編纂做一結合。

　　本文的論題〈論清代《三國志》之研究—以校勘、評論、補注爲例〉，是故若欲瞭解清代《三國志》研究的概況，必先瞭解整個清代史學背景，亦必須對清人研究《三國志》的動機有所認識。所以在研究步驟方面，除前言與結語外，內文共分爲四章。第一章首先討論清代史學研究的背景，由社會、學術層面來探討這樣的背景對《三國志》研究所產生的影響。其次，再深入探討清代《三國志》研究概況，分析清人從事《三國志》研究的動機。最後將清代《三國志》研究略作區分，細分爲：康雍時期、乾嘉時期以及道咸以後，討論各階段的研究情形。因此本章主要敘述清代《三國志》研究的背景環境，並分析各期研究的特點。第一章是清代《三國

〔註 9〕梁啓超，《中國近三百年學術史》（台北：中華書局，1956），頁272。
〔註10〕曾鼎甲，〈論《台灣省通志稿》之纂修〉（台中：中興大學，1999），緒論。

志》研究的綜論,第二章以後深入研究清人研究著作中的校勘、評論、補注部分。故本文於第二、三、四章分別討論清人在校勘、評論、補注三方面的特點、內容以及問題。研究特點主要進行分析比較的方式,論述清代學者與前人不同的研究方法;研究內容針對清人研究《三國志》的範圍來觀察,試圖探討他們的突出之處,進而彰顯其貢獻;至於研究缺失則就研究方法、該書體例探討其侷限,並對論證失實、考證錯誤處予以糾舉,希望對此一範圍內的《三國志》研究做一評述。最末總結清人的研究成果,嘗試作出公允評價。

第一章　清代《三國志》研究概況

　　中國史學博大精深，各朝史學大家輩出，固不待言，而清代史學更有青出於藍之勢。清代史學研究以實事求是爲宗旨，以客觀精神尋求歷史的眞實性，並以此考證史書，甚至評論歷史。他們反對宋明學者在未有實證的情況下，妄下評判，馳騁議論的做法。不僅如此，他們治史的範圍也遠超前人，梁啓超謂清代史家治史方向，「大抵校勘前史文句之僞舛，其一也。訂正其所載事實之矛盾錯誤，其二也。補其遺闕，其三也。整齊其事實使有條理易省覽，其四也。其著述門類雖多，精神率皆歸於此四者。總而論之，清儒所高唱之實事求是主義，比較的尚能應用於史學界」。〔註 1〕清代史家將主要力氣都放在校注史籍、考證史書、補充舊史等，爲中國史學做出極大貢獻。羅炳良稱清代史學「實爲宋明以來的一次史界革命」。〔註 2〕此語誠非虛言。

　　不過，這種對史書的全面性研究何以興盛於清代呢？又爲甚麼會出現這樣與前代殊異的治學觀點呢？對此，前輩學者曾提出種種說法，如高壓說、理學反動說、西方科學影響說等，立論雖多卻未能指出清代正史研究的興盛之因，因此本章在探討《三國志》研究前，先試圖從當時的政治、學術、社會各方面來了解清代史學研究的環境，再深入探討清人研究《三國志》的動機，最後針對清代《三國志》研究的概況略作分析。

第一節　清代《三國志》研究的學術背景

　　史學是時代的產物，它每受當時政治社會的影響，因此在進入清代《三國志》

〔註 1〕《中國近三百年學術史》，頁 272。
〔註 2〕羅炳良，《18 世紀中國史學的理論成就》（北京：北京師範大學，2000），頁 9。

研究的課題前，不妨先了解清代學術的背景。就整個清代學術背景而言，較重要的有史學地位被重視、古籍訛誤與文化事業的興盛，以及實事求是的風氣三者，故本節討論以這三者為中心。不過需先聲明的是，本文雖以這三者為主，它們之間卻又是互相關聯，只有全面性的探討才得以觀察清代學術背景的全貌，所以將三者分別討論，並不表示互不相關。

一、史學地位被重視

在中國傳統社會，經學的地位堪稱神聖不可侵犯，尤其自宋元以來，經學聲勢甚囂日上，史學多依附於經學之下。理學家們稱「讀史為玩物喪志」，「讀史令人心粗」，《春秋》義理褒貶是治史的宗旨。〔註3〕對學者來說，經學的目的在於明道，而史學不過是用事實為經學作註。史學性質不僅被扭曲，也被世人忽略了。受到這種經學獨尊的影響，不只史學研究的數量遠遠比不上經學，「後世著錄，惟以史漢為首，則《尚書》、《春秋》尊為經訓故也」。〔註4〕學者研究歷史多從《史記》、《漢書》入手，也是因為《史記》、《漢書》的內容包含經訓外，「太史公尊孔子為世家，謂載籍極博，必考信於六藝；班氏《古今人表》，尊孔、孟，而降老、莊，皆卓然有功於聖學，故其文與六經並傳而不愧」。〔註5〕與經學研究相關才受到重視。在這樣的環境下，儘管少數史家如劉知幾，勇於突破經學制肘，但整體來看，史家研究歷史依舊謹守《史》《漢》藩籬，史學發展受到極大限制。

史學受制肘的情形，到了清代有突破性的發展，即「六經皆史」說的提出。其實「六經皆史」並非章學誠首次提出，明代思想家王守仁曾言：「以事言謂之史，以道言謂之經。事即道，道即事。《春秋》亦經，五經亦史。《易》是包犧氏之史，《書》是堯舜以下史，《禮》、《樂》是三代史」。〔註6〕明白揭示經即史。明末顧炎武亦引孟子言：「『其文則史』。不獨《春秋》也，六經皆然」。〔註7〕史學獨立已漸露曙光。自清以後，史家更暢談這種見解，如洪亮吉論史，認為「古今之大文曰經曰史，經道乎理之常，史則極乎事之變，史學固與經學並重也」。〔註8〕錢大昕的「經史豈有二學論」更將經史關係說得深刻，以為「昔宣尼贊修六經，而《尚

〔註3〕錢大昕，《廿二史箚記‧序》（台北：樂天出版社，1971），頁1。

〔註4〕章學誠，《章氏遺書》卷十三《校讎通義》外篇〈論修史籍考要略〉（台北：漢聲出版社，1973），頁259。

〔註5〕《廿二史箚記‧序》，頁1。

〔註6〕王陽明，《傳習錄》卷一〈答徐愛問〉（台北：正中書局，1954），頁8。

〔註7〕顧炎武著、黃汝誠集釋，《日知錄集釋》卷三〈魯頌商頌〉，（長沙：岳麓書社，1994），頁106。

〔註8〕《18世紀中國史學的理論成就》引洪亮吉〈歷朝史案序〉，頁161。

書》、《春秋》實爲史家之權輿」。〔註9〕這種經史同源、並重的說法，對於尊經卻卑史的論調，無疑有澄清之效。不只如此，大昕還從歷史角度著手，分析經史關係以及尊經卑史的源頭，其序云：

> 漢世劉向父子校理秘文爲六略，……初無經史之別。厥後蘭臺、東觀作者益繁，李充、荀勖等創立四部，而經史始分，然不聞陋史而榮經。自王安石以猖狂軌誕之學，要君竊位，自造《三經新義》，驅海內而誦習之，……屏棄《通鑑》爲元祐學術，而十七史皆束之高閣矣。嗣是道學諸儒，講求心性，懼門弟子之泛濫無所歸也。則有訶讀史爲玩物喪志者，又有謂讀史令人心粗者，此特有爲言之，而空疏淺薄者托以藉口。由是說經者日多，治史者日少。〔註10〕

在揭露由於政治因素造成史學地位下降後，大昕再從學術應於致用的角度出發，提倡經史並重的觀點，批判傳統「經精史粗」、「經正史雜」的偏失，認爲「經以明倫，盧靈元妙之論，似精實非精也；經以致用，迂闊刻深之談，似正實非正也」。而班馬史學是「其文與六經並傳而不愧」。〔註11〕相當程度代表了清代史家對史學的看法。錢大昕著力糾正重經輕史的觀點，在他看來，只知治經而不知讀史稱不上通儒，「天下學者但治古經，略涉三史，三史以下，茫然不知，得謂之通儒乎」。〔註12〕對以往知經不知史卻能謂爲通儒的觀念給予了當頭棒喝。

即使是「治經不敢駁經」的王鳴盛也有以史類經的看法，他以求實的觀點出發，指出「學問之道，求于虛，不如求于實，議論褒貶皆虛文耳。作史者之所紀錄，讀史者之所考核，總期於能得其實焉而已矣，外此又何多求焉邪」？認爲經與史「二者雖有小異，而總歸於務求切實之意則，一也」。「作史者又無定例，書法參錯，不可爬梳，非善讀書人，能無眩惑，乃知讀史之難，與治經等也」。〔註13〕這種觀點與宋明學者相較，重經的王鳴盛擺脫了史學爲經學附屬的認知，而將經史放在對等地位看待。文學家袁枚亦認識到「古有史而無經。《尚書》、《春秋》今之經，昔之史也；《詩》、《易》者，先王所存之言；《禮》、《樂》者，先王所存之法。其策皆史官掌之」。〔註14〕可以說不少清代學者從歷史脈絡中考察史學地位，具有

〔註9〕《廿二史箚記·序》，頁1。
〔註10〕《廿二史箚記·序》，頁1。
〔註11〕《廿二史箚記·序》，頁1。
〔註12〕江藩，《漢學師承記》卷三〈錢大昕〉，收入於《清代傳記叢刊》1（台北：明文書局，1986），頁83。
〔註13〕王鳴盛，《十七史商榷·自序》（台北：廣文書局，1971），頁1。
〔註14〕袁枚，《小倉山房文集》卷十〈史學例議序〉，收入於《小倉山房詩文集》三（台

史不卑於經的看法。

儘管從現實環境來看，整個清代史學研究或不如經學之盛，但學者們所提出的史與經重，不只提高了史學地位，對整體史學研究而言，亦不再侷限於「三史以下茫然不知」的狹隘範圍。「盈天地間，凡涉著作之林，皆是史學。六經特聖人取此六種之史以垂訓者耳；子集諸家，其源皆出於史」。〔註15〕正因為如此，《三國志》以及其他正史成為清人研究的焦點，為史學研究奠定良好基礎。

二、古籍訛誤與文化事業的興盛

中國古代的書籍流傳多透過抄寫，宋以來印刷術的大量運用，不僅書籍流通有重大突破，所耗力氣也不需如前。但也因書籍流通方便，導致抄本、寫本日亡，無人再精細地審視原書，產生「世既一以版本為正，而藏本日亡，其訛謬者遂不可正，甚可惜也」。〔註16〕加上，宋明學者「但求義理，於字句多不校勘」，使得「其書即屬宋版精雕，只可為賞玩之資，不足供校讎之用」。〔註17〕刻書後造成的疑誤只有沿襲不變，甚至是越來越多，與原書本貌大異。即使是備受稱譽的毛氏汲古閣刊本也「不據所藏宋元舊本，校勘亦不甚精，數百年來傳本雖多，不免貽咎宋者口實」。〔註18〕民間勘刻如此，官方刻書也不見得好到哪。明代官方有南北監本二十一史，原本以官方之力刻書存真是最有效的方式，卻因為屢經戰亂，官方藏書大量流失，而宋版書籍又多藏於民間。在朝廷未能索書於民間，官員未能精勘細校的情形下，明監本的訛誤層出不窮。更因為官方地位的權威性，深受人們信任，讓以訛傳訛的情形不斷擴散，因此明末清初的大思想家顧炎武稱：「秦火之所未亡，而亡於監刻矣」。〔註19〕可說是對明監本貽害後學的嚴厲指控。

中國古籍遭受嚴重破壞的同時，歷經了明末動亂，滿人入關，中國在清政府的努力下，迅速從蕭條中復甦，更隨著統治的穩固，帶來了政治秩序的安定，與社會經濟的豐盈。政治的安定與經濟的繁榮不僅對學術研究有推進的效果，它也為史學研究開闢了新的研究途逕。顧炎武就充滿希望認為古籍錯訛的情形，「有右文之主出焉，其復此非難也」。〔註20〕清代史學研究的基礎－校勘，便是建立在這樣富庶

北：中華書局，1966），頁10。

〔註15〕《章氏遺書》卷九《文史通義》外篇〈報孫淵如書〉，頁193。

〔註16〕葉夢得，《石林燕語》卷八（北京：中華書局，1997），頁116。

〔註17〕葉德輝，《書林清話》卷六〈宋刻字句不盡同古本〉（北京：中華書局，1959），頁157。

〔註18〕《書林清話》卷七〈明毛晉汲古閣刻書之一〉，頁188。

〔註19〕《日知錄集釋》卷十八〈監本二十一史〉，頁643～644。

〔註20〕《日知錄集釋》卷十八〈監本二十一史〉，頁644。

的社會背景中。

　　此外，清人沿襲明代藏書之風，曾出現不少藏書名家，如朱彝尊、何焯、黃丕烈、孫星衍等，這些藏書家不但借書與人、互相通假，甚至還自行研究。首開校勘《三國志》的何焯，本身就是「畜書數萬卷」的藏書家，〔註21〕徒弟陳景雲家中亦是「喜藏書」。〔註22〕補注《三國志》的杭世駿，藏書之豐甲於藝林，「所藏書，擁榻積几，不下千萬卷」。〔註23〕他們以大批藏書為基礎，為整理古代史籍作出不少貢獻。除藏書外，新史料的收藏與運用也成為專學，金石碑刻就是一個明顯的例子。清盛世時的孫星衍說到：「國家統一車書，拓地萬億，山陬海澨，吉金貞石之出世，比之器車馬圖，表瑞清時，曠古所未聞，前哲所未紀矣」。〔註23〕在國家統一、金石屢現的環境下，著有金石文字專書的學者甚多，尤其「自乾嘉以來，考古學興，士矜收藏，人語金石」。〔註24〕著名的收藏紀錄者就有錢大昕、黃本驥、吳騫以及周在浚等。他們除了收藏記載這些金石文字外，還利用金石從事考證、補充史書的工作，實如彭國棟所言「其遺文賸義，往往足與經史相參，猶之許叔重以郡國鼎彝證古文，於文字訓詁，皆有裨益，不僅以藏皮見稱也」。〔註25〕

　　而士大夫對書籍的大量需求，又促使清代書肆的興盛，如人文鼎盛的蘇州，民間書坊即有四十餘家，「書肆之盛，比于京師」。〔註26〕書肆所搜購的祕本也成為清代學者從事學術研究的利器。梁啟超謂江浙學風之興，實因「咸蓄善本，事讎校，自此校書刻書之風盛於江左」。〔註27〕清代學者在如此環境下，自能以宋元舊籍或其他史書作為校正版本，糾正不少史書內的訛字。豐富的藏書一方面為清代史家的精確考校奠定基礎，另一方面也由於書籍流通方便提供了學者研究的實質幫助，激勵更多學者投身其中。藏書風氣興盛與經濟發達、書籍流通方便相輔相成，讓清代學者的整理古籍工作有非常大的成果。〔註28〕

〔註21〕沈彤，《義門讀書記》附錄〈義門何先生行狀〉，（京都：中文出版社，1982），頁557。

〔註22〕錢儀吉，《碑傳集》卷一百三十三〈陳先生景雲墓誌銘〉，收入於《清代傳記叢刊》113（台北：明文書局，1986），頁542。

〔註23〕王蓍，《道古堂文集·序》，收入於《續修四庫全書》1426（上海：上海古籍出版社，1995），頁199。

〔註23〕孫星衍，《寰宇訪碑錄·自序》，收入於《續修四庫全書》904（上海：上海古籍出版社，1995），頁399。

〔註24〕彭國棟，《重修清史藝文志》（台北：台灣商務印書館，1968），頁176。

〔註25〕《重修清史藝文志》，頁176～177。

〔註26〕《書林清話》卷九〈吳門書坊之盛衰〉，頁255。

〔註27〕梁啟超，《近代學風之地理的分佈》（台北：中華書局，1956），頁17。

〔註28〕史籍的訛誤原本就存在，藏書與新史料的運用並不是史學被研究的決定性因素，當

當然談到文化事業的興盛，還不能忽略清政府的右文。雖然，清政府獎勵學術，延攬飽學之士，是爲了統治臣民，安定反側，但右文的結果促成學風的轉變與提昇學術風氣。學風的轉變下文另有說明，至於重視學術，可從康熙、雍正、乾隆三帝屢開博學鴻詞取士、編纂大型圖書，如《古今圖書集成》、《全唐詩》、《四庫全書》等來看。清帝還對博經通史的學者大加禮遇，讓他們享有較好的物質生活與名聲。《三國志》研究先驅何焯，四十二歲時得到直隸巡撫李光地的推薦，以草澤遺才，與浙江舉人查慎行，江蘇舉人錢名世、安徽監生汪灝，以能文受上知，召試南書房，賜舉人，並入直南書房。不久參與該年會試雖落第，但仍特准殿試，與汪灝、蔣廷錫同賜進士。〔註 29〕受到康熙禮遇。右文政策的實施除讓學者無米食之憂外，他們在入館後，亦可遍覽朝中諸書，尤其是宋明時期編制的《太平御覽》、《冊府元龜》、《永樂大典》等類書，清代學者藉此糾補了不少史籍之失，對其研究有莫大影響。任職武英殿的何焯「畜書數萬卷，凡經傳、子史、詩文集、雜說、小學多參稽互證以得指歸。……所見宋元舊刊本，一一記其異同」。〔註 30〕錢大昭「壯歲遊京師，嘗校錄《四庫全書》，人間未見之秘，皆得縱觀，由是學問益浩博」。〔註 31〕這都說明他們入館後，「人間未見之秘，皆得縱觀」，對學問的影響之大。所以何焯稱：「天下後世聞風興起，爲人之父祖者，孰不思以一經教其子孫，孰不思以樸學顯其父祖」。〔註 32〕正是政府右文政策下，文化事業發達，士大夫藉此揚名致祿的心理反應。

三、實事求是的學風

由於清代宋學變漢學的學術風氣轉換，使得清代史學不同於宋明講褒貶、重書法的理學化史學，而出現重事實、輕義理的漢學化史學。這股風氣可從被譽爲清代學術先趨的顧炎武身上看到。顧炎武主張「經學即理學」，爲學應注意考訂史實與詮釋名物，他批評晚明學風「今之學者，偶有所窺，則欲盡廢先儒之說而駕其上，不學則藉一貫之言以文其陋，無行則逃之性命之鄉以使人不可詰」。〔註 33〕反對空談性理之說。更主張以實事求是的態度從事研究，以爲校勘工作要「信而好古，則

　　　　然它對清代學術有一定的影響力，但只能以外緣因素看待，眞正起決定性作用還是史學地位被重視。

〔註 29〕趙爾巽等，《清史稿·選舉三文科》（北京：中華書局，1998），頁 3167。

〔註 30〕國史館，《清史列傳》卷七十一〈何焯傳〉（台北：中華書局，1983），頁 28。

〔註 31〕《清史稿·錢大昭傳》，頁 13234。

〔註 32〕何焯，《義門先生集》卷十一〈恭記聖恩詩序〉，收入於《續修四庫全書》1420（上海：上海古籍出版社，1995），頁 258。

〔註 33〕《日知錄集釋》卷十八〈朱子晚年定論〉，頁 666。

舊本不可無存，多聞遺闕，則群書亦當並訂」。〔註34〕以謹慎求實的態度從事。

　　這股學術風氣到了乾嘉時期更爲興盛，「懷疑之精神變爲篤信，辨僞之功夫轉向求眞」。〔註35〕宋明理學的空疏思想、無證之論，日暴於前，受到清人越來越多的批評。持乾嘉史學牛耳的錢大昕就批評宋明思想的空疏，「嘗病後之儒者，廢訓詁而談名理，目記誦爲俗生，呵多聞爲喪志，其持論甚高，而實便於束書不觀，游談無根之輩。有明三百年，學者往往蹈此失」。〔註36〕除尖銳地指出明代學術「持論甚高」卻「束書不觀」的弊病外，他還說明明代盛行此風之因，「自宋元以經義取士，守一先生之說，敷衍附會，并爲一談」。〔註37〕在他看來，造成這種學術弊病的根源在於宋元以來學者謹守一家之言，甚至變本加厲的「敷衍附會」，而不重實學所致。他以爲「《春秋》褒善貶惡之書也，其褒貶奈何？直書其事，使人之善惡無所隱而已矣」。〔註38〕雖然《春秋》是否眞的無隱，尚值商榷，此語卻指出只有直書其事，善惡無隱才是史家褒貶之法的眞意。

　　洪亮吉對於宋元以後學者未能從實而論的風氣，也有深刻的批判，他認爲：

　　　　近時之爲史學者，有二端焉。一則塾師之論史，拘於善善惡惡之經，
　　雖古今未通而褒貶自與。……一則詞人之讀史，求於一字一句之間，隨眾
　　口而譽龍門，讀一通而嗤虎觀。……其源出於宋歐陽氏之作《五代史》，
　　至其後如明張之象、熊尚文，而直以制藝之法行之矣。〔註39〕

這兩類史論的共同特點在於空發議論，不顧史實而以主觀意識爲主，實爲縱橫家之言，與歷史研究以史實爲據的主旨相去甚遠。故洪亮吉以爲「一二能讀書好古之士，必遠求宋元善本以爲定式，非苟徇其名也，誠以古人之書爲有明中葉諸君子顛倒錯亂者不少耳」。〔註40〕相同的看法在王鳴盛身上也可以見到，他認爲「凡著述，空際掉弄，提唱馳騁，愈多愈亂人意」，只有「記載實事，以備參考，雖多不甚可憎」。〔註41〕這些話主要針對宋明時人著史喜發空論，未能求實而說，反對像

〔註34〕《日知錄集釋》卷十八〈監本二十一史〉，頁644。

〔註35〕錢穆，《中國近三百年學術史》（上）（台北：商務印書館，1976），頁320。

〔註36〕錢大昕，《潛研堂文集》卷三十三〈與晦之論爾雅書〉，收入於《嘉定錢大昕全集》玖，（南京：江蘇古籍出版社，1997），頁574。

〔註37〕《潛研堂文集》卷二十四〈臧玉琳經義雜識序〉，頁375。

〔註38〕《潛研堂文集》卷二〈春秋論〉，頁17。

〔註39〕洪亮吉，《卷施閣文乙集》卷六〈杭堇浦先生三國志補注序〉，收入於《洪北江先生遺集》（二）（台北：華文書局，1969），頁867～868。

〔註40〕洪亮吉，《卷施閣文甲集》補遺〈上內閣學士彭公書〉，收入於《洪北江先生遺集》（一）（台北：華文書局，1969），頁650。

〔註41〕《十七史商榷》卷二十九〈劉昭李賢注〉，頁197。

歐陽修「駕空凌虛，自成偉議，欲以高情遠識，含跨前人」的史論，並非反對據實而論的史論。〔註42〕

在這股求實思潮下，清人由史實出發，考證史書與史事，反對從前空發大言，對歷史做主觀評判。他們評價他人治學成果多以是否依實為據來著眼，錢大昕稱臧琳之學「實事求是，別白精審，而未嘗輕詆前哲，斯真務實而不近名者」。〔註43〕錢大昕亦譽戴震為「實事求是，不偏主一家」。〔註44〕乾隆年間「朝廷開四庫館，海內方聞綴學之士雲集」。「（劉）台拱在都，與學士朱筠、編修程晉芳、庶吉士戴震、學士邵晉涵及其同郡御史任大椿、給事中王念孫等交遊，稽經考古，旦夕討論。自天文、律呂至於聲音、文字，靡不該貫。其於漢、宋諸儒之說，不專一家，而惟是之求」。〔註45〕凌曙自稱「病宋、元以來學者空言無補，惟實事求是，庶幾近之」。〔註46〕這都說明清代學者自覺地繼承清初講究實學的治學觀，並形成由義理轉向考據的時代風氣。

其次，這種學術風氣的轉換雖然有學術本身演變的必然因素存在，但清廷，尤其是康雍乾三帝對何焯、戴震、胡渭、毛奇齡、杭世駿、錢大昕等委以要職，或尊稱「先生」，對這些考據學先驅、領袖的拉攏，以及積極提倡、支持這樣的學術，更加速這股風氣的轉換。《清史稿》載清代學術的變化：

> 清興，崇宋學之性道，而以漢儒經義實之。御纂諸經，兼收歷代之說；四庫館開，風氣益精博矣。國初講學，如孫奇逢、李顒等，沿前明王、薛之派，陸隴其、王懋竑等，始專守《朱子》，辨偽得真。高愈、應撝謙等，堅苦自持，不愧實踐。閻若璩、胡渭等，卓然不惑，求是辨誣。惠棟、戴震等，精發古義，詁釋聖言。後如孔廣森之於《公羊春秋》，張惠言之於《孟》、《虞易》說，凌廷堪、胡培翬之於《儀禮》，孫詒讓之於《周禮》，陳奐之於《毛詩》，皆專家孤學也。且諸儒好古敏求，各造其域，不立門戶，不相黨伐，束身踐行，闇然自修。周、魯師儒之道，可謂兼古昔所不能兼者矣。〔註47〕

「四庫館開，風氣益精博矣」，這些人同時並起不是偶然現象，而是民間重實思想影響政府的人才取用，另一方面政府的提倡又奠定了崇實思想的地位。王鳴盛稱：

〔註42〕《十七史商榷》卷七十〈新書盡黜舊書論贊〉，頁 481。
〔註43〕《清史稿·臧琳傳》，頁 13183。
〔註44〕《潛研堂文集》卷三十九〈戴先生震傳〉，頁 673。
〔註45〕《清史稿·劉台拱傳》，頁 13206。
〔註46〕《清史稿·凌曙傳》，頁 13264。
〔註47〕《清史稿·儒林傳序言》，頁 13099～13100。

「今天子金聲玉振，以實學爲海內倡，更定取士令式……蓋欲學者削繁除濫，崇雅黜浮」。〔註48〕可以看出，清廷文化政策對學術的影響不容忽視。

　　總之，清代學者繼承明末清初的學術發展，面對散亂的古籍，他們自覺地產生使命感，力圖矯正學術的空疏與古籍訛誤，而文化事業的發達與政府的提倡讓他們糾誤工作有可靠的後盾。杜維運先生指出：

> 中國史學二千年之發展，成就雖偉，流弊亦多……，史學發展至此，已成積重難返之勢。清儒生值其後，一反其虛妄，爲之糾謬發覆，爲之徵實考信，……，此史學家應有之覺悟，亦史學演化之自然過程也。〔註49〕

清代《三國志》研究就在史學地位被重視、古籍訛誤與文化事業的興盛，以及實事求是的學風下，展開了全面性的研究。

第二節　清人研究《三國志》的動機

　　從清初至清末，《三國志》一直受到學者的矚目，但是何動機讓他們願意從事此項研究呢？就其最初原因，清代研治三國者，有不少是對《三國志》感到不滿。梁啓超曾指出「陳壽《三國志》精核謹嚴，夙稱良史，但其不滿人意者三點。一行文太簡，事實多遺。二無表志。三以魏爲正統」。〔註50〕康發祥亦言：「裴松之之注可謂浩博兼有論說，但徵引處亦有滲漏，論說處間有偏解……陳氏書以志名而志獨缺，如此已無從考核。餘不愜處，或是脫簡，或是撰寫之僞」。〔註51〕這些缺失可歸爲：不滿陳壽尊魏與《三國志》內容。對陳壽尊魏的不滿屬於意識型態之爭，對《三國志》內容的不滿則屬於史學範圍，這些不滿的原因都是清代學者研究時的重點，而它們與陳壽修史背景，實有莫大關係。

　　首先，陳壽之所以尊魏不難理解，「夫晉之祖宗，所北面而事者，魏也。蜀之滅，晉實爲之。吳、蜀既亡，群然一詞，指爲僞朝」。〔註52〕在這樣的背景下，陳壽只能在「魏晉革易之處，不得不多迴護」。〔註53〕如此，《三國志》「但立傳，以

〔註48〕王鳴盛，《西莊居士始存稿》卷二十六〈今軒來齒風月令詩序〉，收入於《續修四庫全書》1434（上海：上海古籍出版社，1995），頁332。

〔註49〕杜維運，《清乾嘉時代之史學與史家》（台北：學生書局，1989），頁3～4。

〔註50〕《中國近三百年學術史》，頁278。

〔註51〕康發祥，《三國志補義・自序》，收入於《四庫未收書輯刊》第參輯11（北京：北京出版社，2000），頁376。

〔註52〕錢大昕，《三國志辨疑・序》（台北：弘道文化，1973），頁1。

〔註53〕《廿二史箚記》卷六〈三國志書法〉，頁73。

魏爲正統，二國皆僭竊」。〔註54〕原本這樣的寫作於西晉時期，還有「善敘事，有良史之才」、「辭多勸戒，明乎得失，有益風化」之譽。然而隨著朝代演變，陳壽之作也跟著有不同評價，誠如四庫館臣所言：

> 以勢而論，則鑿齒帝漢順而易，壽欲帝漢逆而難。蓋鑿齒時晉已南渡，其事有類乎蜀，爲偏安者爭正統，此孚於當代之論者。壽則身爲晉武之臣，而晉武承魏之統，僞魏是僞晉矣，其能行于當代哉！此猶宋太祖篡立近於魏，而北漢、南唐跡近於蜀，故北宋諸儒皆有所避而不僞魏。高宗以後，偏安江左，近於蜀，而中原魏地全入於金，故南宋諸儒乃紛紛起而帝蜀。此皆當論其世，未可以一格繩也。〔註55〕

透過歷代統治者、士大夫對魏蜀正統之爭的偏好，可以發現：任何一種史學觀念的變化，都有時代或政治需求在背後起了很大的作用。陳壽尊魏只是此一思潮轉變下的產物，其他朝代的正魏或正蜀亦「皆當論其世，未可以一格繩也」。儘管不少清代學者能和四庫館臣一樣「以勢而論」來解讀陳壽立場，但對《三國志》內容尊魏，仍有不少人認爲「以理論之，壽之謬萬萬無辭」。〔註56〕想要改編《三國志》者不在少數。趙作羹作《季漢紀》是因爲不滿《三國志》「尊魏爲正統，曹操父子祖孫諸傳，皆書曰紀，以高其禪讓之名，而沒其篡逆之跡。雖屬辭比事，具體前史，阿私醜正，蔑人紀如弁髮也」。〔註57〕黃中堅擬更《季漢書昭烈皇帝本紀》則爲改「陳志以魏爲正」之失，「庶幾爲將來作者之前驅」。〔註58〕唐禪宸少時讀《三國志》，「至帝魏僞蜀，憮然太息，乃有意訂正成《季漢史》四十三卷」。〔註59〕不滿陳壽帝魏，因而改編、重修之作。

其次，陳壽《三國志》本身的簡略，裴松之注引史料的「雜蕪」，也促使清代史家展開相關研究與撰述。陳壽處於三國鼎立的時期，著史極爲不易，「魏代三雄，紀傳互出……或激抗難征，疏闊寡要」。〔註60〕「地醜德齊兼之，互相詆毀，

〔註54〕《廿二史箚記》卷六〈三國志書法〉，頁73。
〔註55〕紀昀等，《四庫全書總目》卷四十五〈三國志〉（台北：藝文印書館，1964），頁972～973。
〔註56〕《四庫全書總目》卷四十五〈三國志〉，頁973。
〔註57〕趙作羹，《季漢紀·緣起》（台北：文海出版社，1974），頁4。
〔註58〕黃中堅，〈擬更季漢書昭烈皇帝本紀〉，收入於饒宗頤，《中國史上的正統論》，（香港：龍門書局印行，1977），頁350。
〔註59〕張季易，《清代毗陵名人小傳》卷二〈唐禪辰〉，收入於《清代傳記叢刊》197（台北：明文書局，1986），頁49。
〔註60〕劉勰著，黃叔琳等校注，《文心雕龍校注》卷四〈史傳第十六〉（台北：世界書局，1963），頁110。

各自誇張，斯其載筆誠難折中。又列國雖有史錄，多詳魏而略吳，華曹而陋蜀」。
〔註61〕為強調政權的合法與正當性，各國原史皆以詆毀他國，誇大自國為主。在
如此艱難的情況下，「匯而修成一史者，承祚為創，是以用力尤難」。〔註62〕而且
「其剪裁斟酌處，亦自有下筆不苟者。參訂他書，而後知其矜慎也」。〔註63〕如
《魏略》稱諸葛亮自薦於劉備，而陳壽採諸葛亮〈出師表〉「三顧臣于草廬中」。又
《魏略》載劉禪被人收為養子，陳壽以《諸葛亮集》證之，確認無劉禪奔入漢中為
人養子之事。〔註64〕皆可見陳壽考訂之審慎，作史之用心。

　　不過《三國志》畢竟太簡要了，因此南朝宋文帝以《三國志》過於簡略，命裴
松之補注。魏晉史學的發展，使得史料獲得保存，豐富遺聞的流傳也都對三國史研
究有極大的助益，為裴松之作注奠定了基本條件。然而，面對這些真偽參半的史
料，裴松之在整理注解《三國志》時，就已深覺「首尾所涉，出入百載，注記紛
錯，每多舛互」，有「秕繆顯然、言不附理」、有「或說同一事而辭有乖雜」，甚至
「出事本異，疑不能判」。〔註65〕所以如何正確考證史料真偽，成為後世史家研究
《三國志》的內容之一。此外，陳壽、裴松之「匯實錄、小說家之言」時，都忽略
了表志的製作，以致《三國志》「但有紀傳，別無志，遂使遺制零落難尋」。〔註66〕
對後人而言，也是《三國志》內容的一大缺陷。

　　大體說來，這些陳壽、裴松之修史時的種種不足處，都成為清人研究《三國
志》的重點。在這個因素下，遂有補充、注解《三國志》內容者，如沈欽韓以
「裴氏《三國志》注專補事跡，而典章名物缺焉，故為《三國志補注》十六
卷」。〔註67〕杭世駿「比讀陳壽《三志》竊怪裴世期之集注上有闕焉，因更廣采
異聞以增益其所未備」。〔註68〕侯康以「遺文逸事出裴、杭二注外者尚多，爰就
耳目所及，錄為一卷」。〔註69〕後成《三國志補注續》。也有針對《三國志》內容
進行考證者，如潘眉以「承祚《國志》絕少專門攷訂之學」，故著《三國志考

〔註61〕錢大昭，《三國志辨疑・自序》，頁3。
〔註62〕《三國志辨疑・自序》，頁3。
〔註63〕《廿二史箚記》卷六〈三國志書事得實處〉，頁76。
〔註64〕《廿二史箚記》卷六〈三國志書事得實處〉，頁77。
〔註65〕《三國志》附錄〈裴松之：上三國志注表〉，頁1471。
〔註66〕《十七史商榷》卷四十〈太學課試〉，頁258。
〔註67〕徐世昌，《清儒學案小傳》（二）卷十四〈小宛學案〉，收入於《清代傳記叢刊》6
　　　　（台北：明文書局，1986），頁740。
〔註68〕《道古堂文集》卷二十〈與張曦亮書〉，頁406。
〔註69〕侯康，《三國志補注續・自序》，收入於《叢書集成新編》113（台北：新文豐，
　　　　1984），頁239。

證》。〔註 70〕沈家本《三國志瑣言》是為考《三國志》與其他史籍之異同，並糾舉前人注解之失。〔註 71〕有增補表志者，如洪亮吉《補三國疆域志》的成書動機是「陳壽《三國志》有紀而無志，然如天文、五行之略備。沈約《宋書》皆可不補，其尤要而不可缺者，為地理一志。元郝經所補，全錄《晉書·地理志》，本文即見於沈志中，亦近而不採，他可知矣」。〔註 72〕洪飴孫為彌補《三國志》無志以致「考古者廢書而嘆」的缺陷，決心編治《三國職官表》，「蓋欲使考三國官制者，有所據依」。〔註 73〕還有論《三國志》者，如《三國志辨微》是因尚鎔不滿論「《三國志》獨鮮也」而著。〔註 74〕

除了不滿《三國志》的缺失外，《三國志》的問題也對清代史家產生相當的誘惑力，甚至是一種能力的挑戰。尤其是「史之所難，無出於志」。〔註 75〕三國時代多變的環境，「三國地理晨夕改屬，職官因紕以時」。〔註 76〕加上史籍的散佚，「承祚之史既略而不詳，世期之注復雜而無準。上則班表劉注，存限制而不及後來，下則晉志宋書，志本朝而罕先代。躊跱其際，撰述為難」。〔註 77〕更增加了補三國表志的難度。因此「可以補志之闕，非具良史之才者，未易觀也」。〔註 78〕「非嫻熟三國事而博觀得間，無此綜核也」。〔註 79〕這一極有難度卻又極有意義的課題，深深吸引了後代有志之士，一再努力地撰述。僅三國地理這個課題，成書的就有洪亮吉《補三國疆域志》、楊守敬《三國郡縣表補證》、謝鍾英《補三國疆域志補注》、張澍《補三國疆域志》、吳增僅《三國郡縣表》、丁謙《三國志烏桓鮮卑東夷附魚豢魏略西戎傳地理考釋》等。不少是對前人研治三國的補定，如謝鍾英「病洪亮吉《三國疆域志》之缺誤，為之補注，審其事跡年月，以斷是非，折衷於陳壽原志，

〔註 70〕潘眉，《三國志考證·自序》，收入於《續修四庫全書》274（上海：上海古籍出版社，1995），頁 425。
〔註 71〕《陳壽評傳》，頁 184。
〔註 72〕洪亮吉，《補三國疆域志·自序》，收入於《二十五史補編》3（北京：中華書局，1955），頁 2997。
〔註 73〕洪飴孫，《三國職官表·自序》，收入於《後漢書三國志補表補志三十種》下（北京：中華書局，出版年不詳），頁 1264。
〔註 74〕尚鎔，《三國志辨微續·自序》，收入於《四庫未收書輯刊》第陸輯 5（北京：北京出版社，2000），頁 318。
〔註 75〕劉知幾著、浦起龍釋，《史通通釋·古今正史》（台北：九思出版社，1977），頁 354。
〔註 76〕蔣師繪，《季漢職官考·跋》，收入於《續修四庫全書》747（上海：上海古籍出版社，1995），頁 44。
〔註 77〕《三國職官表·自序》，頁 1263。
〔註 78〕吳騫，《季漢職官考·跋》，頁 44。
〔註 79〕蔣師繪，《季漢職官考·跋》，頁 44。

自州郡至於關津、鎮戍，廢置分合必求故事，以實之」。〔註80〕吳增僅讀《三國志》「經久，頗疑此事」，對洪北江的《補三國疆域志》內容多有疑議。〔註81〕不僅如此，關注這個問題已久，卻未成專著的還不乏其人，如錢大昕〈與洪稚存書二〉說到：「僕留意三國疆域有年，常欲作志，以補承祚之缺」。〔註82〕嚴長明亦言「今稚存尊帙而登，陵鑠一切，始知向來一得，羽毛齒革，君之餘也」。〔註83〕這塊史學研究的空白地成為不少清代史家急欲挑戰的地方。

　　無疑地，《三國志》的缺失讓史家們有研究的空間，但為甚麼這些存在已久的缺失卻直到清代才開始正視，並由清人作出積極貢獻呢？這與上述史學地位的被重視，以及《三國志》評價的高漲，應有相當關聯。史學地位的提昇已如上述，《三國志》在清代評價的高漲，則可從四史這個稱呼來觀察。清以前多以三國為亂世而恥談《三國志》，如「宋孝宗淳熙十一年十月，太常博士倪思言，舉人輕視史學，今之論史者，獨取漢唐混一之事。三國六朝五代，以為非盛世而恥談」。〔註84〕或以其載事鄙惡而不稱，如北宋「咸平初，……詔選官校勘《三國志》、《晉書》、《唐書》。或有言兩晉事多鄙惡，不可流行者」。〔註85〕尤其在朱子學說盛行的元明時期，《三國志》更被大肆攻擊，原因不外乎帝魏，「三國降昭烈以儕吳魏，使漢嗣之正，下與漢賊並稱，此《春秋》之罪人矣」。〔註86〕因此備受人們稱頌的三史為，《史記》、《漢書》與《後漢書》〔註87〕，《三國志》未列其中。可以說《三國志》在清以前除了陳壽的帝魏思想備受攻擊，而受到矚目外，它幾乎是不受重視的一部史著，遑論正視其內容優缺，進而糾補其失。時至清代，清人不僅給予《三國志》高度評價，地位亦被清代史家尊為可匹三史，王鳴盛以為「宋以來學者恒言乃皆曰五經三史，則專指馬、班、范矣。愚竊以為宜更益以陳壽稱四史，以配五經，良可無愧」。〔註88〕錢大昕稱：「予性喜史學，馬、班而外即推此書，以為過于范、歐陽」。〔註89〕姚鼐則認為「初學最急，莫過於《史記》、兩《漢書》、《三國志》。以後便當讀《通鑑》。若

〔註80〕《清代毗陵名人小傳》卷九〈謝鍾英〉，頁255。
〔註81〕吳增僅，《三國郡縣表附考證》，收入於《二十五史補編》3（北京：中華書局，1955），頁2821。
〔註82〕《潛研堂文集》卷三十五〈與洪稚存書二〉，頁605。
〔註83〕嚴長明，《補三國疆域志·序》，頁3159。
〔註84〕法式善，《陶廬雜錄》卷六（北京：中華書局，1997），頁179。
〔註85〕脫脫，《宋史·畢士安傳》（北京：中華書局，1997），頁9519。
〔註86〕陶宗儀，《南村輟耕錄》卷三〈正統辨〉（北京：中華書局，1997），頁33。
〔註87〕王應奎，《柳南隨筆續筆》卷四〈三史〉（北京：中華書局，1997），頁194。
〔註88〕《十七史商榷》卷四十二〈三史〉，頁268。
〔註89〕《三國志辨疑·序》，頁1～2。

《晉書》以下，可以從緩」。〔註90〕將《三國志》視爲必讀史籍。更有人擁有《三國志》在內的經史叢書，受眾人稱羨。聊城楊至堂河督「以增得宋板《詩經》、《尙書》、《春秋》、《儀禮》、《史記》、兩《漢書》、《三國志》，顏其室曰『四經四史之齋』」，被譽爲藝林佳話。〔註91〕皆可見《三國志》受清人之重視。

　　《三國志》地位的提昇不僅反映在它的高度評價，它也是不少史家自小接觸的史籍。洪亮吉幼年在外家時就愛聽長工講三國故事，二十歲始讀《史記》、《漢書》全篇，後又擴展研讀《三國志》。至於《晉書》以後的十幾部正史，只是泛覽。〔註92〕周壽昌自稱「幼學讀史，治此書最先，排日輯錄不下數千條」。〔註93〕康發祥亦稱「幼讀三國」。〔註94〕江之桐十餘歲時，「傭於江寧賣餅家，嗜讀書，其主人異之。招至家，居之樓上數年，讀《左傳》、《國語》、《戰國策》、《史記》、《漢書》、《三國志》畢，乃謝主人去」。〔註95〕有些史家雖未自幼研讀《三國志》，但《三國志》卻是他們生活中不可或缺的一角。唐禪宸「初年十四患病，父命以陳壽《三國志》自娛」。〔註96〕徐紹禎「客廣西思恩府治，蠻方寂寥，無以自遣，行篋中適有毛氏汲古閣本《三國志》，因舉其紀傳，證以群經諸史，參互審勘」。〔註97〕這些情形與宋人認爲《三國志》「非盛世而恥談」、「不可流行者」的態度，有相當程度的轉變。《三國志》地位的提昇，或可說明爲何存在已久的缺失，卻是由清代史家開始研究的因素。

　　此外，裴松之注雖有缺失，但「網羅繁富，凡六朝舊籍今所不傳者」，尙能見其概略，使許多三國史事不致隱略於世。這些「事關漢晉」的豐富史料，在裴注中都被完整的保存，而且多是首尾具全。對於歷史研究者來說，裴松之注所保存的一百八十七種魏晉史書〔註98〕，提供了學者研究三國的素材，以致「取材不揭，轉相引據者，反多於陳壽本書焉」。〔註99〕亦如逯耀東先生所言：「裴注的史料價

〔註90〕張舜徽，《中國古籍校讀法》引姚鼐語（台北：里仁書局，1988），頁 26。

〔註91〕陸以湉，《冷廬雜識》卷一〈藝林佳話〉（北京：中華書局，1997），頁 2～3。

〔註92〕嚴明，《洪亮吉評傳》（台北：文津出版社，1993），頁 121、211。

〔註93〕周壽昌，《三國志注證遺·自序》，收入於《叢書集成新編》113（台北：新文豐，1984），頁 469。

〔註94〕康發祥，《三國志補義·自序》，收入於《四庫未收書輯刊》第參輯 11（北京：北京出版社，2000），頁 376。

〔註95〕《清史稿·江之桐傳》，頁 13924。

〔註96〕《清代毗陵名人小傳》卷二〈唐禪辰〉，頁 49。

〔註97〕《陳壽評傳》，頁 179～180。

〔註98〕詳見逯耀東，〈《三國志注》引用的魏晉材料〉，收入於《魏晉史學的思想與社會基礎》（台北：東大圖書，2000），頁 391～412。

〔註99〕紀昀等，《三國志》附錄〈四庫全書總目提要〉（北京：中華書局，1998），頁

值，當凌駕陳壽的《三國志》、范蔚宗的《後漢書》之上」。〔註100〕裴注豐富的內容，對後人研究三國，甚至是西晉以後，實有帶動之效。

綜上所述，《三國志》本身的缺失、史學被重視，是促成清人研究此書的動機。而經世致用的抱負、崇拜三國人物〔註101〕、《三國演義》的盛行、裴松之注保留的豐富史料，以及政府提倡三國人物的義行等等因素，在不同程度上、不同階段裏，刺激著清人研究《三國志》。這些因素的推波助瀾，又更進一步地促進清代《三國志》研究的蓬勃發展。

第三節　清代《三國志》研究的概況

研究著作的多寡、篇章題目，在一定程度可以反映時人對該史著的關心重點以及特色。故下文表列出清代《三國志》研究專著，以此剖析清代《三國志》研究的發展概況、研究重心。根據附表，有幾點是值得注意的：

首先，就有清一代，研究《三國志》的史家人數而言，人數七十餘人，專著可達百種，規模之大除《史記》、《漢書》、《後漢書》研究稍勝或略等外，其餘正史皆未能過之。誠如梁啓超言：「馬、班、陳、范四史最古而最善，有注釋之必要及價值，故從事者多，《晉書》以下則希矣」。〔註102〕清人研究《三國志》或可謂爲顯學。

其次，就《三國志》研究類型來看，內容既有考證，如錢大昕《三國志考異》、錢大昭《三國志辨疑》、潘眉《三國志考證》等；校勘，如何焯《義門讀書記·三國志》、陳景雲《三國志校誤》、周家祿《三國志校勘記》等；改編，如湯成烈《季漢書》、章陶《季漢書》、趙作羹《季漢紀》等；輯佚，如王仁俊《三國志佚文》、黃奭《三國志注引》、嚴可均《三國文》等；補充，如杭世駿《三國志補注》、趙一清《三國志注補》、侯康《三國志補注續》等；評論，如牛運震《讀史糾誤·三國志》、尚鎔《三國志辨微》等；編著，如阮元《三國志疑年錄》；注解，如

　　　1474。
〔註100〕逯耀東，〈裴松之與《三國志注》〉，收入於《魏晉史學的思想與社會基礎》，頁
　　　351。
〔註101〕清代《三國志》的輯佚類著作，有不少是作者尊崇三國人物而作的，如王復禮著
　　　《季漢五志》是因爲王家數代虔奉關羽，感受靈驗之餘，苦無關公專書的善本，
　　　附以蜀漢君臣，劉備、諸葛亮、張飛、趙雲四人，以三十年之力，而「稱完書
　　　焉」。周廣業《關帝事蹟微信編》亦因數代崇奉關公所作。張澍《諸葛忠武侯全
　　　集》則是崇敬諸葛亮之行誼而著。
〔註102〕《中國近三百年學術史》，頁293。

沈欽韓《三國志補注》、《三國志補注訓詁》；集解，如梁章鉅《三國志旁證》等；補表補志，如洪亮吉《補三國疆域志》、洪飴孫《三國職官表》、侯康《補三國藝文志》等。其中以考證、補注（包括補表補志）與評論三類最多，編著類最少。

各期《三國志》研究書籍〔註103〕

	康 雍 時 期	乾 嘉 時 期	道咸同光宣時期	總　　計
校　　勘	2	1	3	6
考　　證	2	9	10	21
改　　編	2	0	2	4
輯　　佚	2	3	2	7
補　　充	0	3	1	4
評　　論	2	4	2	8
編　　著	0	1	0	1
注　　解	0	4	1	5
補表補志	7	10	11	28
集　　解	0	0	1	1
訂　　補	0	0	4	4
總　　計	17	35	37	89

本表收入著作標準：

1. 以成書時間為主來歸納其所屬年代，若無詳細時間則不予計算

2. 各書內容如有多種性質在內的書籍，本表仍以著者序論中表達的意願，或書中內容做為分類標準；不當之處，容日後改正。

各期《三國志》研究者

	康雍時期	乾嘉時期	道咸同光宣時期	不　詳	總　計
人　數	8	26	31	6	71

　　再次，由時代來看，乾嘉以前的《三國志》研究並沒有太突出的表現，就專著而言，只有何焯、陳景雲、王復禮以及萬斯同等數家，其餘如朱彝尊、顧炎武、顧祖禹、姜宸英等都是小篇研究著作，未成專著。而且這時候的《三國志》研究還有

〔註103〕各期《三國志》研究書籍表對於不詳時代的書籍並未收入。

不少從尊蜀立場來批評陳壽，修改《三國志》，像何焯、牛運震以主觀評判的現象，「尚在所不免」。〔註104〕儘管如此，這些人卻是清人研究《三國志》的先聲，如何焯、陳景雲首開校勘整理《三國志》之風，萬斯同是第一位補《三國志》諸表的人，王復禮輯佚三國史料，朱彝尊則開始為陳壽翻案。萬斯同、何焯諸人以一己之力，開風氣之先，令人重新注視《三國志》這部史籍。

　　至清中葉，乾嘉時期的《三國志》研究，則充分顯露出以考證為主的學風，反映了清代考據學的盛況。從乾隆五年以官方之力校勘的武英殿本《三國志》出版後，當時一流史家、學者，杭世駿、趙一清、錢大昕、王鳴盛、趙翼以及洪亮吉等，都投身於《三國志》研究的行列中，表現出清人對《三國志》研究的熱衷。從另一方面來說，清代考據學的幾個特點與表現，也可從他們的《三國志》研究中得到體現，其中以金石碑刻與補表志兩點最為顯著。考據學特尚金石，錢大昕以一位史學家的眼光評論了金石在史學研究的價值，他認為：

> 文籍傳寫，久而蹐訛，唯吉金樂石，流轉人間，雖千百年之後，猶
> 能辨其點畫，而審其異同，金石之壽，實大有助於經史焉。〔註105〕

指出金石文字能證史之誤，補史之闕。這樣的看法受到不少學者附和，他們集金石文字，並以此校勘史書內容的訛誤，從吳騫《國山碑考》與潘眉一連串以碑文為主的研究，都顯示出清人對金石考史、校史的重視。

　　此外，從補表志所針對的對象，也可以看到清代考據學的重點研究。由清代《三國志》研究一覽表中，不難發現，除吳卓信《補三國食貨志》、《補三國刑法志》外，其餘補表志諸家，以補地理最多，其次是補藝文志，再次是補職官。梁啟超先生說清人補表志工作「關於地理者什而八九，次則經籍，次則天文律曆，皆各有一二，而食貨、刑法、樂、輿服等乃絕無。即此一端，吾儕可以看到乾嘉學派的缺點，彼輩喜歡研究殭定的學問，不喜研究活變的學問」。〔註106〕說清代學者「喜歡研究殭定的學問，不喜研究活變的學問」，不見得完全正確，但他們研究的內容以地理、藝文為主卻是不爭的事實。

　　乾嘉時代大家備出，對《三國志》都有各自的研究重點與取向，總括來說，本期受到考據學風的影響甚鉅，以考據為主，可是內容不侷限於考據，而是從多方面來觀察、研究《三國志》。清代的《三國志》研究不只包括像錢大昕、錢大昭以考據為主的名家，還有許多是考據主流之外的研究，像以評論為主的趙翼《廿二史箚

〔註104〕《中國近三百年學術史》，頁271。
〔註105〕《潛研堂文集》卷二十五〈山左金石志序〉，頁398。
〔註106〕《中國近三百年學術史》，頁295～296。

記‧三國志》；以補充史事爲主的杭世駿《三國志補注》、趙一清《三國志注補》；
注解《三國志》史文的沈欽韓《三國志補注》、《三國志補注訓詁》；以及類似後來
的專門性史學研究，洪亮吉《補三國疆域志》、洪飴孫《三國職官表》，這些都反映
出乾嘉時代的《三國志》研究雖受考據學風影響，治學內容卻不限於考據的情形。

　　乾嘉學者研究《三國志》的貢獻固然值得一提，而道光以後的《三國志》研究
也不容小覷，不論在研究者或書籍數量都有後來居上之勢。究其原因，實與中國史
學的尊古意識與六經皆史的再提倡有關。道咸之後的史學家雖因經世學風影響，不
乏留心當代史，關心現實者，然而史家醉心於古史研究者仍舊不少，誠如梁廷枏所
言：「泰西之史，越近世則記載越詳，中國則不然，非鼎革之後，則一朝之史不能
出現，又不惟正史而已，即各體莫不皆然」。〔註107〕正道出中國史學尊古的特色。
故道光以後治近代史者多，古史研究卻不乏後繼之人，或可視爲傳統史學意識的影
響所致。

　　學術風氣總是漸進，而非一蹴可即，乾嘉史家高喊六經皆史，然以經學爲向的
學術環境仍非一朝可變，所以乾嘉歷史研究的獨立性與清末相較，史學仍附屬於經
學。清代學者之所以「略涉三史」，正因爲《史記》、兩《漢書》有不少經學大師的
列傳，如馬融、鄭玄等。乾嘉史學研究就某種程度而言，還是受到經學相當程度的
抑制。道光之後，或許是受「六經皆史」觀念的影響，或許是國家在內憂外患下，
希望從史學提供治國借鏡，以達經世致用的目的。無論何者，史學的被重視，導致
時人群起趨之，對於學者研究史學自有不可忽視的作用。龔自珍從學術史的淵源而
論，認爲一切學術均屬史學，「史之外無有語言焉，史之外無有文字焉」。〔註108〕
不但大談前人的六經皆史說，他還以爲諸子也是史，「諸子也者，周史之小宗也。
故道家者流，言稱辛甲、尹佚官皆史：聃實爲柱下史……故曰：諸子也者，周史之
支蘖小宗也」。〔註109〕此說將史學擴大爲全面的文化狀態，使史學不再侷限於史學
著作內。他也針對乾嘉時期重經輕史的現象予以批評，指出「號爲治經則道尊，號
爲學史則道黜」是不正常的，經史實爲一體，經學出於史學，也只有從歷史角度才
能眞正理解經世的要旨。在尊古意識以及六經皆史的影響下，道光以後的《三國
志》研究極多實非偶然。

〔註107〕轉引自葛榮晉主編，《中國實學思想史》下卷（北京：首都師範大學出版社，
　　　　　1994），頁195。
〔註108〕龔自珍，《龔自珍全集》第一輯〈古史鉤沈論二〉（台北：河洛圖書出版社，
　　　　　1975），頁21。
〔註109〕《龔自珍全集》第一輯〈古史鉤沈論二〉，頁21。

　　道光以後的《三國志》研究，較顯著的特色有：一曰沿乾嘉之風。就其內容而言，多沿襲前人所作的議題加以補充，如地理、藝文等，其中以三國地理最受重視，不斷有人投入，反映出清末輿地考證之風。不過，針對清代《三國志》研究面向過於相近的情形，清末民初的金毓黻先生直言：「後漢三國晉南北朝諸志，多屬千篇一律，陳陳相因」。〔註110〕當然清代學者的研究內容並非「陳陳相因」，主題「多屬千篇一律」倒說出了研究的特色。二曰評論、改編之作再盛。乾嘉時期尊崇考據，反空談議論，因此改編之風不盛，評論《三國志》的專著不少，多從客觀角度評說，試圖為陳壽的處境做出公道之論，尚鎔稱：

　　　　《三國志》之微而顯，志而晦，則不愧良史之材。乃自宋儒綱目
　　出，人遂隨聲詆呵，不加考究，亦何以服其心哉？……嗚呼！壽死千餘
　　年矣，作史之心至本朝乃白，此子桓所以痛知音之難遇也。〔註111〕

可是本期在經世致用的史學思潮下，不只改編之作可見，評論內容亦回到清初的正統、帝魏問題，雖不乏可觀者，如莫郘亭稱湯成烈的《季漢書》，「用力尤在表志，凡七易稿乃成」。〔註112〕這種以蜀漢為正統的改編方式「若得佳表志，則其書足觀矣」，然亦如梁啓超所說「爭正統為舊史家僻見，誠不足道」。〔註113〕本期最可觀之書當屬梁章鉅《三國志旁證》，梁氏總括道光之前的《三國志》研究，以集解型態為《三國志》作注，是第一位綜合整理清代《三國志》研究的人。

　　再者，清代《三國志》研究與同期的正史研究有何差異呢？可以四史中的《史記》、《漢書》、《後漢書》作為比較對象，觀察清代《三國志》與其他正史研究不同的特點。梁啓超曾比較過清代學者的四史研究，指出《史記》「以後續者十餘家，孰為本文，孰為竄亂實難辨別。又況傳習滋廣，傳寫訛舛，所在皆是，是故各史中最難讀而亟需整理者莫過於史記」。《漢書》則「釋文方面更多，因其文近古較難讀也」。《後漢書》則「以考異方面較多，以諸家逸書遺文漸出也」。至於《三國志》「全數考異補逸性質，諸家多廣其所補」。〔註114〕綜觀清人的四史研究確不外此，由於「現存正史類二十四史，除《史記》、兩《漢》及《明史》外，自餘不滿人意者頗多」。〔註115〕而《三國志》不滿人意處除歷代爭論的以魏為正統外，簡略以及無表志亦為人詬病，所以清人的《三國志》研究與《史記》、《漢書》、《後漢書》三

〔註110〕　金毓黻，《中國史學史》（台北：鼎文書局，1986），頁201。
〔註111〕　《三國志辨微・自序》頁309。
〔註112〕　《中國近三百年學術史》，頁279。
〔註113〕　《中國近三百年學術史》，頁279。
〔註114〕　《中國近三百年學術史》，頁292～293。
〔註115〕　《中國近三百年學術史》，頁278。

史相較在補表志、補史以及改編較多。此外,與《三國志》相關的輯佚工作,也比其他三史為盛,主要是因為「史家著作以兩晉南北朝為最盛,而其書百不存一,學者憾焉,清儒乃發憤從事蒐輯」。〔註116〕這都是清代《三國志》與其他正史研究不同的特點。

綜上所述,清代《三國志》研究可分為三個階段,且各具特色,康熙、雍正時期,由於《三國志》流傳已久,內容訛誤之處甚多,故本期雖不乏議論、改編之作,仍以校勘為主軸重心,所獲成果也最大。乾嘉時期,考據學獨尊,《三國志》研究在此風影響下,亦以考據為主,評論、補充史事、專門性史學研究等兼有之。清末,考據之風雖不減於乾嘉,但就內容而言,乾嘉時廣泛地研究《三國志》,自此則變為地理、藝文等專題性研究,非遍考《三國志》。清末更由於經世思潮的興起,改編、議論《三國志》之風再次盛行,雖不免以尊劉來評價《三國志》,但亦有足道之處。

第四節　小　結

有清一代的《三國志》研究勃興之因,可從史學研究的背景與《三國志》地位來觀察。史學地位被重視,讓學者的注意力不再只有經學,開始關注於史學。史籍的訛誤,為學者提供研究的目標,而印刷術的發達更為他們提供考證、校勘的工具。至於政府的右文則讓學者們無後顧之憂的從事研究工作,這些外在的環境因素加上他們不滿《三國志》本身的問題,清人重新注視它。當然不滿《三國志》並不始於清代,但清人不像宋明學者只從正統來評價它,他們從各方面來評價《三國志》,賦予它極高的史學地位。在這樣的前提下,自能審慎,而非先入為主的看待《三國志》,得到不少超越前人的研究成果。而清代《三國志》研究的概況已如上述,康雍、乾嘉、道咸及其後都各有特色,他們為《三國志》研究做出了莫大的貢獻。

〔註116〕《中國近三百年學術史》,頁266。

第二章 校勘爲讀史先務——清人對《三國志》的校勘

　　古籍在流傳過程中，由於多次傳抄、刊印，難免發生誤字、脫字、衍文、倒文、錯亂等情形。這些訛誤直接影響到史書的眞實性，甚至牽涉到對整個時代的認識。故古人云：「書三寫，魚成魯，虛成虎」〔註1〕。如果史書不加校勘的話，那研究歷史時就可能運用錯誤的史料，得到錯誤的解釋。近代史家陳垣就認爲「校勘爲讀史先務，日讀誤書而不知，未爲善學也」。〔註2〕這一點在清代史家心中也是如此。王鳴盛說道：「嘗謂好著書不如多讀書，欲讀書必先精校書，校之未精而遽讀，恐讀亦多誤矣。讀之不勤而輕著，恐著且多妄矣」。「既校始讀，亦隨讀隨校」。〔註3〕明白地揭露校書、讀書以及著史三者的關係，肯定校勘在史學研究上的必要性。錢大昕對「世之考古者，拾班、范之一言，摘沈、蕭之數簡，兼有竹、素爛脫，豚虎傳訛，易斗分作升分，更子琳爲惠琳，乃出校書之陋，本非作者之意，而皆文致小疵，目爲大創」有所不滿，認爲作史應「袪其疑，乃能堅其信；指其瑕，亦以見其美」。〔註4〕大昕此言指出校勘對歷史研究的重要。即使是不以考證、校勘著稱的趙翼，在《廿二史箚記》中也有不少「多就正史紀傳表志中，參互勘校」的校勘論述。〔註5〕更可見「校勘爲讀書先務」的原則受到大多數史家遵奉。而《三國志》在清代史家的細心整理下，除了不少沿襲已久的訛誤得到辨正，他們也初步歸納出《三國志》致誤的原因。

〔註1〕葛洪，《抱朴子内篇校釋》卷十九〈暇覽〉（北京：中華書局，1996），頁307。
〔註2〕陳垣，《通鑑胡注表微·校勘篇》（台北：華世出版社，1974），頁37。
〔註3〕《十七史商榷·自序》，頁1。
〔註4〕錢大昕，《廿二史考異·自序》，收入於《嘉定錢大昕全集》貳，（南京：江蘇古籍出版社，1997），頁1。
〔註5〕《廿二史箚記·自序》，頁1。

第一節　《三國志》內容缺失的原因與情形

　　古籍不斷流傳的過程中，偏離原貌的情形確實不少，有文字形近而誤，傳刻時脫漏文字、多出文字、文字位置顛倒等。王鳴盛就曾感嘆道：「古書傳抄屢刻，脫誤既多，又每為無學識自改，一開卷輒嘆，千古少能讀書人」。〔註6〕同樣的情形也發生在《三國志》。清人在考校時，曾歸納《三國志》致誤的情形：

　　一曰文字形近而誤，起因於古字因草書、因俗字難以辨識而致誤。如殷禮，後人改作殷札，因「禮之於札，為傳寫而互異也」。〔註7〕也有讀音相近而誤。如孫策詣丹陽依舅，明監本作「依舊」，不僅文字無義，且前後不連貫，卻由於讀音近而驟改致誤。〔註8〕又如汲古閣本《三國志》「幾敗伯山」，作「幾敗北山」，「伯作北，聲之訛也」。〔註9〕亦是因音相近而改的例子。

　　二曰傳抄時脫奪文字，如〈武帝紀〉載「長吏多阿附貴戚，贓污狼籍，於是奏免其八」。據《太平御覽》卷九十三「奏免其八」應作「奏免其八九」，八字下脫九字，「此誤脫」。〔註10〕這種一二字的誤脫雖不至於影響內容意義，但若有多字的脫文，則史事不僅不明，甚至會更改其義。《三國志・鄧艾傳》載鄧艾奏宣王司馬懿於淮南要地行屯田之舉，〈鄧艾傳〉原載「宣王善之，事皆施行」八字，並無具體內容。何焯引《太平御覽》、《冊府元龜》來校補正文之失：

> 事皆施行，《御覽》作皆如艾計，下有遂北臨淮水，自鍾離而南，橫石以西，盡沘水四百餘里，五里置一營，營六十人，且田且守，兼修淮陽、百尺二渠，上引河流，下通淮潁、大理諸陂，於潁南、潁北，穿渠三百餘里，溉田二萬頃。淮南、淮北皆相連，自壽春到京師，農官、兵屯，雞犬之聲，阡陌相屬。凡九十四字，下接每東南有事云云。按《冊府》引此亦曰，〈鄧艾傳〉則悉是承祚本書，後來所當刊正也。〔註11〕

可見《三國志》正文原貌是將淮南屯田的具體內容呈現在我們面前，卻因後人傳刻漏失，以致內容不全。又如諸葛亮〈出師表〉原漏數字，《昭明文選》照此亦缺

〔註6〕　《十七史商榷》卷四十二〈黎斐〉，頁268。
〔註7〕　《三國志旁證》卷二十六引盧明楷語，頁678。
〔註8〕　《三國志旁證》卷二十六，頁662。
〔註9〕　《廿二史考異》卷十六〈諸葛亮傳〉，頁378。
〔註10〕　《三國志旁證》卷一，頁7。
〔註11〕　《義門讀書記・三國志》，頁219。何焯此語據《太平御覽》卷三百三十三，兵部六十四屯田，不過何焯所言與《太平御覽》略有出入，自鍾離而南《御覽》作自鍾離西南；橫石以西《御覽》作橫字；兼修淮陽百尺二渠，《御覽》則作兼脩廣淮陽百尺二渠。

字，潘眉曰：「後李善補足之注，云《蜀志》載亮表曰：『若無興德之言，則戮允等以彰其慢』，今此無上六字（若無興德之言），於義有缺也」。〔註12〕此正因校勘者的疏漏，導致文字脫誤，使得校改後的〈出師表〉「於義有缺也」。

　　三曰傳抄時多出文字，即衍文的出現，如《三國志‧楊戲傳》引〈季漢輔臣贊〉，篇末有「古之奔臣，裡有來偪，怨興司官，不顧大德。靡有匡救，倍成奔北，自絕于人，作笑二國」的叛臣，麋芳、士仁、郝普、潘濬四人。何焯以〈季漢輔臣贊〉中的士仁為根據，認為「〈關羽傳〉作傳士仁，而贊止曰士仁，則其人姓士，傅字衍也」。〔註13〕何焯此說甚為有理，《三國志‧吳主傳》亦言「權征羽，先遣呂蒙襲公安，獲將軍士仁」。〔註14〕《三國志‧呂蒙傳》引《吳書》曰：「將軍士仁在公安拒守」。〔註15〕可證其說。又如〈田疇傳〉載：田疇「好讀書，善擊劍」。「虞乃備禮，請與相見」。殿本考證引宋本，云：「善擊劍，宋本無善字。請與相見，宋本無相字」。〔註16〕這種後人以己義恣意增添文字，所造成的衍文不只讓今書不同於原書，還會自創當時未有之職，如「高亭侯」一名，高實為衍字，潘眉稱：「高、亭字相近，訛複也」。〔註17〕今查《三國志》，魏制有廕功臣之子為亭侯的制度，卻不見有高亭侯之稱。因此高亭侯應作亭侯，此高字為後人妄增之字。

　　四曰倒文，即正文與注文間的錯亂，或文字的位置顛倒，如〈王肅傳〉評末附劉寔評語：「肅方於事上而好下佞己，此一反也。性嗜榮貴而不求苟合，此二反也。吝惜財物而治身不穢，此三反也」。陳景雲認為此語當是裴注。「如〈譙周傳〉評後注引張璠以為云云，與此正同。肅既名臣，又晉武外王父，史臣於本傳略無貶辭，豈應於評中反摭其短乎。況陳評二句辭意已足，其下不容更贊他語，由易了也」。〔註18〕又如〈先主傳〉有「左將軍領長史鎮軍將軍臣許靖」，錢大昭以此為倒文，「領字當在鎮軍之上」，即「左將軍長史領鎮軍將軍」。〔註19〕像這種倒文的情形不僅失去原本的文義，也讓後人有不解之感。再如〈管寧傳〉注引《傅子》曰：「明帝使相國宣文侯征滅之」。然宣文侯當作文宣侯，「司馬懿初諡文貞，改諡文宣，此作宣文侯，字倒誤也。宣王未為相國，此亦《傅子》之

〔註12〕《三國志考證》卷六，頁478。

〔註13〕《義門讀書記‧三國志》，頁227。

〔註14〕陳壽著，陳乃乾校點，《三國志‧吳主傳》（北京：中華書局，1998），頁1120。

〔註15〕《三國志‧呂蒙傳》，頁1279

〔註16〕《三國志旁證》卷十一，頁260。

〔註17〕《三國志旁證》卷十六，頁412。

〔註18〕陳景雲，《三國志辨誤》，收入於《景印文淵閣四庫全書》254（台北：商務印書館，1983），頁941。

〔註19〕《三國志辨疑》卷二，頁1。

誤」。〔註 20〕將文宣侯誤倒為宣文侯，又創相國一職，這種因倒文而出現的訛誤值得注意。

上述都是清代史家整理《三國志》時所發現的常見錯誤，雖然「傳寫訛脫者半，恣意妄改者半」，（王念孫語）有傳刻時造成的錯誤，有校勘時造成的錯誤，但導致內容偏離原貌的真正原因只有一種，即人為的疏失。顧炎武言：「萬曆間人，多好改竄古書。人心之邪，風氣之變，自此而始。……不知其人，不論其世，而輒改其文，謬種流傳，至今未已」。〔註 21〕人們不依實論史，妄自更動原書，造成錯誤是必然的結果。尤其是歷史小說《三國演義》流傳至清後，經毛宗崗父子的潤筆，內容漸趨成熟，更符合「俗皆愛奇，莫顧實理」的心態，〔註 22〕它的影響力也透過戲曲等，讓清人信《三國演義》較《三國志》多。誠如士大夫所言：「戲劇最足移人，而作偽亦易。《三國演義》章回小說，宋稗之下乘，而賈豎牧子無不津津樂道，則二簧、西皮之力也」。〔註 23〕加上《三國演義》的內容，不同於以往多紀實事，或全憑虛構的演義小說，它是「七分實事，三分虛構，以致觀者往往為所惑亂」。〔註 24〕甚至有「士大夫且據演義而為之文，直不知有陳壽志者」。〔註 25〕足可見《三國演義》影響之鉅。

《三國演義》不但影響一般大眾對三國史事的觀感，在無形中也影響了《三國志》的內容。如關羽為漢壽亭侯，「漢壽，地名，亭侯，爵名。俗人據小說《三國志》稱公為壽亭侯，尤可噴飯」。〔註 26〕又如「通俗《三國演義》載，統進兵至此，勒馬問其地，知為落鳳坡，驚曰：『吾道號鳳坡。此處有落鳳坡，其不利于吾乎？』落鳳坡之稱，蓋小說家妝點之辭，而後人遂以名其地。所謂俗語不實，流為丹青者，此類是也。而王新城詩中，有弔龐士元之作，竟以「落鳳坡」三字著之于題。然則演義又有曹操表關羽為「壽亭侯」，羽不受，加一「漢」字，羽乃拜命之說，亦可據為典要，而以「壽亭侯」三字入之詩文乎？此不容以作者名重而遂置不論，開後人用小說之門也」。〔註 27〕小說影響正史內容之劇，恐怕只有《三國演義》了。

在小說魔力的影響下，不少清代學者談論《三國志》時，常論小說、俗說對正

〔註 20〕《三國志考證》卷四，頁 458。

〔註 21〕《日知錄集釋》卷十八〈改書〉，頁 672。

〔註 22〕《文心雕龍校注》卷四〈史傳十六〉，頁 111。

〔註 23〕劉體智，《異辭錄》卷一〈張嘉祥之妻〉（北京：中華書局，1997），頁 8。

〔註 24〕章學誠，《丙辰箚記》，收入於《中國小說史料》（上海：上海古籍出版社，1982），頁 45。

〔註 25〕王愷，《江州筆談》，收入於《中國小說史料》，頁 48。

〔註 26〕王應奎，《柳南隨筆續筆》卷四（北京：中華書局，1997），頁 70。

〔註 27〕《柳南隨筆續筆》卷五，頁 104。

史的影響，王鳴盛、潘眉以及梁章鉅的說法就是顯例。王鳴盛說到：「世之學者，於正史尚未究心，則泛涉稗官褻說，徒見其愚妄。且稗史最難看，必學精識卓方能裁擇參訂，否則淆訛祖亂，雖多亦悉」。〔註28〕認為治史當以正史為主，稗史則需斟酌參訂，所以對於以小說語參入正史者，常予嚴厲批評，「有一等人不能看正史，旁搊宋元小說以掩其短，如姚寬之輩未嘗學問，而好為議論，自有學識者觀之，雖多亦奚以為」。〔註29〕後人因俗說而妄自校改者，王鳴盛亦多糾舉。有人以為漢壽亭侯之「漢」字為漢代，遂據俗說驟改為壽亭侯。實際上，漢壽為一地名，故漢壽亭侯無誤，王鳴盛對這些無端校改之人，直斥為「不通古今之妄人」。〔註30〕又如《古今逸史》系列於士仁上增一「傅」字，沿用小說之名改張飛益德為張飛翼德，他也稱：「此吳琯《古今逸史》俗刻校者妄改，不可據」。〔註31〕或許王鳴盛的言論讓人感到太過偏激，卻充分反映出小說與俗聞對《三國志》的影響。

　　嘉慶時期的潘眉對於俗人之妄言也有批評，他認為「近世之星家書，推關侯以四戊午生，張侯以四癸亥生，此無稽之言」。〔註32〕因為照此一說，關羽、張飛隨劉備起兵時，分別是十三歲、八歲，「如星家言張侯以八歲從軍，十歲為別部司馬也，殆不足據」。以正史記載與實際推算推翻了俗說。又如今人熟知的「關羽溫酒斬華雄」，在清人所見〈孫堅傳〉版本中，作「都督華雄」，「督當為尉，華當為葉。《廣韻》二九葉引《吳志‧孫堅傳》有都尉葉雄，知宋本作都尉葉雄，今本誤也」。〔註33〕趙幼文引《通志‧氏族略》：「《風俗通》楚沈尹戌生諸梁，食采於葉，因氏焉。吳有都尉葉雄」。〔註34〕《資治通鑑》卷二百零八胡三省注亦作「都尉葉雄」。誠如吳金華先生所言：「此元代以來小說言，葉訛作華，當在南宋以後」。〔註35〕可知宋代的都尉葉雄經過小說、俗說的渲染，到了元明之後影響《三國志》的內容，變成了演義中的都督華雄。

　　對於《三國演義》研究頗深的梁章鉅，在《三國志旁證》中談到史書與小說間的關係。如呂布死後赤兔馬的下落，「布所乘赤兔馬，小說家輒謂布敗後，為曹操所得以贈關公」，他認為「亦想當然，非事實也」。〔註36〕又如世謂周瑜與諸葛亮

〔註28〕《十七史商榷》卷三十八〈後漢書年表〉，頁 243。
〔註29〕《十七史商榷》卷四十〈田疇字〉，頁 254。
〔註30〕《十七史商榷》卷四十一〈漢壽亭侯〉，頁 261。
〔註31〕《十七史商榷》卷四十一〈傅士仁〉、〈益德〉，頁 261、262。
〔註32〕《三國志考證》卷六，頁 479。
〔註33〕《三國志考證》卷七，頁 486。
〔註34〕《三國志校箋》卷四十六，頁 1507。
〔註35〕吳金華，《古文獻研究叢稿》，（南京：江蘇教育出版社，1995），頁 275。
〔註36〕《三國志旁證》卷九，頁 199。

有既生瑜、何生亮的「瑜亮情節」，梁章鉅從正史記載而論，以為「蜀、吳通好之時，瑜亮二人會合，縱跡見於史者（指孫權遣周瑜與劉備合力），不過如此。而小說家鋪張其事，遂使二人居然有不能並立之勢，可謂厚誣前賢」。〔註 37〕以嚴厲口吻指責小說厚誣前人，誤導世人。再如《江表傳》載關羽「好《左氏》，諷誦略皆上口」。章鉅稱：「公好《左氏》，史有明文，而世俗即依此，演為公志在《春秋》。近人作公廟楹聯者，必以《春秋》為美談。此正如因史傳言恩若兄弟，而演為桃園結義，雖名流詩文猶不免焉，而不知其非事實也」。〔註 38〕並舉時人附會關羽習《春秋》之事，「黃奭曰：『關公祖石磐，父道遠，並公三世，皆習《春秋》，奇甚』。國朝張大本有墓銘言其事。然無徵，不可信也」。〔註 39〕

由上可知，《三國志》之所以出現脫文、衍文、倒文等情形，主要原因在於傳刻者的妄改，尤其自《三國演義》盛行後，更有不少人根據演義內容更改正史文字，造成更多訛誤的出現。對於這些校勘上的問題，清人不只予以探討，深入了解原因，還點出這些校勘致誤的情形，可說是極具成效。

第二節　清人校勘《三國志》的方法

吾人皆知清人在校勘學方面有極大成果，而這與他們靈活又多元的校勘法有著密切關係，在校勘《三國志》時也是如此。他們憑藉的不僅有古籍版本，還包括對校、本校、他校、理校四種校勘法，以及善用輔助學科。用這些方法與知識，一一挖掘，解決問題。

一、古籍版本的確定

校勘古籍的第一步就是了解各種版本目錄，王鳴盛稱：「目錄之學，學中第一緊要事，必從此問塗，方能得其門而入」。透過版本目錄方可「剖斷古書之真偽，辨其本之佳惡，校其訛謬」。〔註 40〕弄清版本源流，才能清楚認識版本流傳，選擇校勘的底本和參校本。具有豐富校勘經驗的盧文弨認為「書所以貴舊本者，非謂其概無一偽也。……吾見南宋本已不如北宋本，明之錫山秦氏本，又不如南宋本，今之翻秦本者，更不及焉。以斯知舊本之為可貴也」。〔註 41〕指出之所以重視近古版

〔註 37〕《三國志旁證》卷二十一，頁 533。
〔註 38〕《三國志旁證》卷二十三，頁 586。
〔註 39〕《三國志旁證》卷二十三，頁 586。
〔註 40〕《十七史商榷》卷一〈史記集解分八十卷〉，頁 56。
〔註 41〕盧文弨，《抱經堂文集》卷十二〈書吳葵里所藏宋本白虎通後〉，收入於《續修四庫

本，在於錯誤較少，較可信。而且隨著時間的流逝，「物無不敝，時無不遷，後乎今日之年何窮，而其為宋元本者，竟將同三代竹簡、六朝油素，名可得而聞，形不可得而見，豈非必然之數哉」！〔註42〕「今之所貴於宋本者，謂經屢寫則不逮前時也」。〔註43〕清代學者重視宋元本在其歷時久遠，相對的錯誤較少，即使不免有誤，也有跡可尋，因此具有較大的歷史價值。

　　儘管學者們認為版本重要，但在實際運用上，研究《三國志》的諸家各有不同。以何焯與官方殿本《三國志》為首的，多應用宋元本校書，往往據此校改史籍，很大程度依賴宋元本。而陳景雲與其師何焯的校勘法相較，則較少拿宋元舊本與今本對校，亦不重其它版本，因此他校勘《三國志》比較缺乏版本依據。但竟能「以前後文互相考證，參以《後漢書》、《晉書》」，而言之有理，與宋本暗合，或糾宋本之失。〔註44〕可見運用校勘方法的精密。另一派可以乾嘉三大家中的錢大昕、王鳴盛為例，他們重視善本，但不迷信宋元本。王鳴盛自稱：「購借善本，再三讎勘」〔註45〕，他在《十七史商榷》運用的《三國志》版本除底本毛晉汲古閣本外，還有宋本、元本《三國志》。〔註46〕錢大昕也強調「經史當得善本」，〔註47〕研究《三國志》時常感嘆「惜未得善本校之」。〔註48〕另一方面鳴盛又認為「校書之道，貴擇善而從，徇今而媮古，泥古而迂僻，皆病也」。〔註49〕大昕更主張「善讀書者當擇而取之，若偶據一本，信以為必不可易，此書估之議論，轉為大方所笑者也」。〔註50〕他們對宋元舊籍的依賴與何焯等直以宋元版本為據又有不同，主要是透過各種學科或方法來校勘古籍，版本只是輔助工具。

　　綜上所述，清代學者對於校勘《三國志》有不同的看法與觀點，但是他們對校勘的用心，使其校勘《三國志》取得很大的成果，讓他們的校勘精密可信，不少前人造成的訛文、衍文、脫文得到辨正。

　　全書》1432（上海：上海古籍出版社，1995），頁653。
〔註42〕漆永祥，《乾嘉考據學研究》引顧廣圻言（北京：中國社科，1998），頁264。
〔註43〕《抱經堂文集》卷二〈重雕經典釋文緣起〉，頁568。
〔註44〕《三國志辨誤・提要》，頁938。
〔註45〕《十七史商榷・自序》，頁1～2。
〔註46〕《十七史商榷》卷四十一〈紹使人說太祖〉，頁248。
〔註47〕錢大昕，《十駕齋養新錄》卷三〈經史當得善本〉（台北：世界書局，1953），頁60。
〔註48〕《廿二史考異》卷十六〈先主傳〉，頁377。
〔註49〕《十七史商榷》卷六十九〈舊唐書各種本不同宜擇善而從〉，頁474。
〔註50〕《十駕齋養新錄》卷十九〈宋槧本〉，頁439。

二、校勘法的多元

　　校勘是否可信，除了版本的運用外，與校勘法也有莫大關聯。清代史家對於如何校勘有一套自己的見解，如同錢大昕總結盧文弨的校勘法時所說：「凡所校定，必參稽善本，證以它書，即友朋後進之片言，亦擇善而從之」。〔註51〕在實際運用上，清人的校勘也已概括今日所言的校勘諸法，只是缺少理論的闡述，尚無學術上的名稱。清末民初的學者則為各種校勘法提出具體的理論內容與校勘名稱，如清末葉德輝把清人的校勘分為死校與活校兩種，所謂死校「據此本以校彼本，一行幾字，鉤乙如其書，一點一劃，照錄而不改，雖有誤字，必存原文」。活校是「以群書所引，改其誤字，補其闕文。又或錯舉他刻，擇善而從，別為叢書，版歸一式」。〔註52〕梁啓超亦曾歸納清代學者的校勘法，一是以善本對照俗本，擇善而從；二是從本書或他書找到憑證；三是以著書人的原有體例來刊正；四是根據別的資料校正原著之誤。〔註53〕民初的著名史家陳垣在《元典章校補釋例》中更總結前人成果與自己校勘的經驗，將校勘法分為四種，即對校法、本校法、他校法以及理校法。〔註54〕清代學者皆能純熟應用這些校勘法，只是偏重的方法不同，今舉陳垣校勘四法來說明清人校勘《三國志》的情形。

　　一曰，對校法，即以「同書之祖本或別本對讀，遇不同之處則注於旁」。〔註55〕這種方法以何焯與武英殿館臣應用較多。蔣維鈞稱「義門（何焯）讀書，丹、黃並下。隨有所得，即記於書之上下方以及旁行側里」。全祖望稱何焯讀書「吳下多書估，公從之訪購宋元舊籍，及故家抄本，細讎正之。一卷或積數十過，丹黃稠疊，而後知近世之書，脫漏偽謬」。〔註56〕何焯校書多以版本校為主，如《三國志・丁奉傳》原作「太平二年，魏大圍之」，何焯據宋本、元本《三國志》以為「二年下，宋本有魏大將軍諸葛誕據壽春來降，十二字不可缺，大元本作人」。〔註57〕何焯的校補不但讓原本不知所云的「太平二年，魏大圍之」，有具體的說明，據元本改「魏大圍之」為「魏人圍之」亦是可取。何焯不只依據版本校史，也用多重證據從事校勘，如《三國志・管寧傳》載王烈字彥

〔註51〕《潛研堂文集》卷二十五〈盧氏群書拾補序〉，頁402。
〔註52〕《中國古代史籍校讀法》引葉德輝《藏書十約》，頁178。
〔註53〕《中國近三百年學術史》，頁225～227。
〔註54〕陳垣，《校勘學釋例》卷六〈校法四例〉（北京：中華書局，1959），頁144～149。
〔註55〕《校勘學釋例》卷六〈校法四例〉，頁144。
〔註56〕全祖望，《鮚埼亭集》卷十七〈翰林院編修贈學士長洲何公墓碑銘〉（台北：商務印書館，1975），頁205。
〔註57〕《義門讀書記・三國志》，頁232。

方，何焯以《後漢書》注與北宋本《三國志》爲本，認爲「本爲彥考，《後漢書》注可據，方字寡，學者所定也，北宋本正作考」。〔註58〕何焯運用版本較先的宋本《三國志》參校，還以記同事的不同史書《後漢書》作爲輔助，並從文字學的角度來解讀方字的可信與否，這種參校方法自能訂正不少訛字。

　　殿本館臣亦重這種版本對校。如〈文帝紀〉載：「代赤眉者魏公子」。館臣僅書以「宋本無眉字」。〔註59〕〈田疇傳〉載：田疇「好讀書，善擊劍」，「虞乃備禮，請與相見」。館臣亦以宋本爲證，稱「善擊劍，宋本無善字。請與相見，宋本無相字」。〔註60〕然對校法尚有其失，張元濟認爲殿本「雖以宋本校正，然遺漏仍多」。〔註61〕正因對校法有「祖本或別本有訛，亦照式錄之」的缺失。〔註62〕故需參用其他校勘法才會更爲可信。

　　二曰，本校法，「以本書前後互證，而抉摘其異同，則知其中之謬誤」。〔註63〕「尋覽上下文義，近而數葉，遠而數卷，屬詞比事，牴牾自見」。〔註64〕此法可以趙翼、陳景雲爲例。趙翼《廿二史箚記》〈三國志誤處〉條中，有不少談到《三國志》記事不當處，如〈夏侯惇傳〉載建安二十四年，曹操擊破呂布于摩陂。趙翼稱：

　　　　操禽呂布在建安二年，距建安二十四年已二十餘載，何得尚有破呂布
　　之事。考是時，關羽圍曹仁，操遣徐晃救之，操自洛陽親往應接，未至而
　　晃破羽，羽已走，操遂軍摩陂。則惇傳所云呂布，必關羽之訛也。〔註65〕

又如〈孫壹傳〉載孫壹卒於黃初三年，他認爲「黃初係魏文帝年號，文帝至齊王芳被廢，已二十餘年，何得妻芳妃，後又死于黃初也。《魏志》壹來降，在高貴鄉公甘露二年，則其死當在景元、咸熙間。今曰黃初三年死，亦必誤」。〔註66〕〈三少帝紀〉云：「甘露四年十一月癸卯，車騎將軍孫壹爲婢所殺」。〔註67〕可證趙翼以前後文校勘的說法不虛。

〔註58〕《義門讀書記・三國志》，頁212。
〔註59〕《三國志旁證》卷三，頁62。
〔註60〕《三國志旁證》卷十一，頁260。
〔註61〕張元濟，《校史隨筆》（上海：古籍出版社，1998），頁27。
〔註62〕《校勘學釋例》卷六〈校法四例〉，頁144。
〔註63〕《校勘學釋例》卷六〈校法四例〉，頁145。
〔註64〕《校勘學釋例》卷六〈校法四例〉，頁146。
〔註65〕《廿二史箚記》卷六〈三國志誤處〉，頁79。趙翼云：建安二年，曹操禽呂布，據
　　　　《三國志》武帝紀應爲建安三年。參見杜維運《廿二史箚記考證》（台北：樂天出
　　　　版社，1971），頁583。
〔註66〕《廿二史箚記》卷六〈三國志誤處〉，頁79。
〔註67〕參見《廿二史箚記考證》，頁583。

　　至於陳景雲校勘《三國志》的方法，《四庫全書總目提要》有精簡的介紹，以爲此書「以前後文互相考證，參以《後漢書》、《晉書》」。〔註 68〕今考《三國史辨誤》的內容，與《提要》所言確有相符之處。如宦歷二宮之說，〈胡質傳〉載：「復與周平。注詔歷二官，吏部郎」。景雲以爲「二官當作二宮，此與前張邈宦歷二官之誤同。據晉史，詔歷吏部郎、太子右衛率，故云爾」。〔註 69〕景雲於〈邴原傳〉又稱「歷二宮者謂以朝臣而更爲東宮官屬也，語見〈薛綜傳〉注」。〔註 70〕這是從《三國志》內容中對二宮的解說入手，將詔歷二官更正爲二宮，其說甚爲可信。陳垣云：「此法於未得祖本或別本之前，最宜用之」。趙翼與陳景雲可謂深得其門而入。

　　三曰，他校法，「以他書校本書。凡其書有采自前人者，可以前人之書校之，有爲後人所引用者，可以後人之書校之」。〔註 71〕欲用此法，必須熟悉古籍，只有如此方知有哪些內容相近的「前人之書」與「後人之書」。善用此法校勘《三國志》的人甚多，趙一清便是其中之一。趙一清論〈公孫瓚傳〉「瓚攻及家屬以還」，他認爲「攻下有脫文」，並引《後漢書》：「瓚進攻之，三日，城陷，遂執虞并妻子，還薊」。〔註 72〕補充《三國志》脫文。又如裴松之載〈陸機賦〉有「遂掃清宗枋」，一清稱「《晉書‧陸機傳》與《文選》枋作祊」。〔註 73〕皆是以他書校本書之例。

　　四曰，理校法，「段玉裁曰：『校書之難，非照本改字不僞不漏之難，定其是非之難』。所謂理校法也。遇無古本可據，或數本互異，而無所適從之時，則需用此法」。〔註 76〕理校法的主觀判斷較多，使用理校的人須通文理外，還要有較高的古文素養，精通「小學」，並熟悉各種經史子集名著，才能得到合理又正確的校勘。最常見的理校法，即是從邏輯來推斷史書中無古本可據，亦無直接證據否定，但仍可從前後推斷是否有誤，或以常理判斷定其是非。陳景雲採用此法校〈陳思王傳〉，傳末稱曹植後「累增邑並前九百九十戶」一句。他認爲「魏室諸王至正元、景元間普增封邑，其戶皆累千，即如平陽、陳武二公亦皆踰千戶矣。思王初封于陳

〔註 68〕《三國史辨誤‧提要》，頁 938。
〔註 69〕《三國史辨誤》，頁 943。
〔註 70〕《三國史辨誤》，頁 941。
〔註 71〕《校勘學釋例》卷六〈校法四例〉，頁 146～147。
〔註 72〕趙一清，《三國志注補》卷八，收入於《續修四庫全書》274（上海：上海古籍出版社，1995），頁 113。
〔註 73〕《三國志注補》卷四十八，頁 329。
〔註 76〕《校勘學釋例》卷六〈校法四例〉，頁 148。

已有邑三千五百戶，至子志嗣爵，又累增邑，乃並前評之止有九百九十戶，必撰寫脫誤也」。〔註77〕案一般情形，藩王有過才以削邑處罰，曹植一族既無大過可言，又諸王於「景初、正元、景元中，累增邑」，曹志累增封邑，斷無并前只有九百九十戶之理。此論由曹魏普增邑來判斷「有九百九十戶，必撰寫脫誤也」，其說合理。又如楊戲〈季漢輔臣贊〉載馬承伯之事，贊稱：「其爲太守張飛功曹。飛貢之先主，爲尚書郎。建興中，從事丞相掾，遷廣漢太守，復爲飛參軍」。陳氏論曰：「飛字衍。張飛卒於建興前，時承伯蓋自郡守入參丞相軍事耳。曰復爲者，蒙上從事丞相掾言之」。〔註78〕由張飛卒年史實著手，還從文法角度加以解釋。結合下文「亮卒，爲尚書」來看，飛爲亮的誤字，可能性甚高。

　　講求證據的乾嘉學者，他們也採用理校法。〈文帝紀〉記：「（山陽）公女曼爲長樂郡公主」。錢大昭曰：「是時獻帝爲郡公，其女安得爲郡主？且郡亦無長樂之名。此郡字疑或鄉或亭之訛」。〔註79〕以常理思考，父既爲郡公，女豈可爲同級的郡主，將問題點出，判斷此字爲「鄉或亭之訛」。這種從小處著眼的觀察，值得後人師法。又如〈呂布傳〉記呂布被綁後，「因指備曰：『是兒最無信者』」。趙一清說道：「范書此言得之（作布目備曰），布已受縛，不得用手指也」。〔註80〕從當時情境判斷，呂布被綁後，豈能以手指向劉備，用理校方式糾出書中訛誤。

　　這四種方法，其實是清人在不同條件下的具體運用。對校法是較爲單純的比較異同，本校、他校以及理校則屬於分析考證，是根據不同條件分析史書訛誤，以及何者可信。古籍的訛誤情形複雜，因此在校勘工作上，多半參用各法，既可以減少誤校的可能，又能進一步說明己說的可信。所以在具體校勘中，很少看到有哪一家，單用哪種校勘法，而只能觀察他們偏好的校勘方式。如上述何焯的校勘雖以對校爲主，但綜觀整個《義門讀書記・三國志》也不只運用此法。《三國志・賀邵傳》，裴松之引《吳書》稱：「邵，賀齊之孫，景之子」。何焯考辨到：「邵乃從子非孫也，《吳書》誤」。〔註81〕他據〈賀齊傳〉「子達及弟景皆有令名，爲佳將」。以及同傳裴松之引《會稽典錄》稱「景子邵，別有傳」。證明賀邵爲賀齊從子，非孫。又如陳景雲《三國史辨誤》中的校勘方式，除「以同書之祖本或別本對讀」的對校法，是景雲未用之法外，本校法，「以本書前後互證」；他

〔註77〕《三國史辨誤》，頁942。
〔註78〕《三國史辨誤》，頁944。
〔註79〕《三國志辨疑》卷一，頁3。
〔註80〕《三國志注補》卷七，頁110。
〔註81〕《義門讀書記・三國志》，頁235。

校法，「以他書校本書」；以及理校法，「遇無古本可據，或數本互異，而無所適從之時，則需用此法」，都是常用的研究法。如〈和洽傳〉載：禽弟適，景雲引〈三少帝紀〉甘露二年帝臨辟雍賦詩，侍中和迫等作詩稽留，即其人也。又引《晉書‧和嶠傳》證和禽之弟為和迫，非適。〔註82〕即以本校法、他校來說明〈和洽傳〉的問題。《太平御覽》卷四百七十一引《晉諸公讚》：「和嶠字長輿，迫之子也」。〔註83〕《晉書‧山濤傳》：「晚與尚書和迫交」。〔註84〕《晉書‧羊祜傳》：「時高貴鄉公好屬文，在位者多獻詩賦，汝南和迫以忤意見斥」。〔註85〕皆可證此校的正確。正因為清人校勘不限一格，前人難以發現的訛誤，在他們筆下一一得到勘正。故其所校，堪稱為善本。

三、輔助學科的運用

清代由於書籍流傳因素，所謂善本或較佳的宋本往往不能如願所得，誠如潘眉所言：「殿版正史未易購置，世通行者，明代監本暨陳、毛諸刻，一卷之中，偽舛煩積，讀者病焉。《四庫全書》有《辨疑》等書藏在文瀾諸閣，撫藩大臣司其扃鑰，非謁請戟轅不得矣。閣披誦陳裴之真，每為魯、魚，帝、虎所掩近」。〔註86〕儘管清人運用許多他校材料，如唐宋類書《初學記》、《北堂書鈔》、《太平御覽》、《冊府元龜》以及相關正史等，補充善本之不足，然「遇無古本可據，或數本互異，而無所適從」還是屢屢可見，因此清人利用他校的同時，運用其他知識來從事校勘是必要的。而這些知識就是今日所稱的輔助學科，包括目錄、典制、輿地、避諱、金石、天文等。清人藉助此等知識，取得相當顯著的成就。其中較常運用於《三國志》校勘工作的知識以典制、小學、輿地、史例、金石五者為主，今就此加以申論。

（一）以典制校史

凡治史者於一代典制的設置，必須熟知其演變，追溯其源流，不然以中國典制的複雜，讀史者恐會混淆不清，所以錢大昕認為治史應當「先通官制，次精輿地，次辨氏族，否則涉筆便誤」。〔註87〕這種重視官制、典制的看法，可從清代學者的校

〔註82〕《三國史辨誤》，頁942。
〔註83〕李昉等，《太平御覽》卷四百七十一，收入於《景印文淵閣四庫全書》897（台北：商務印書館，1983），頁377。
〔註84〕房玄齡等，《晉書‧山濤傳》（北京：中華書局，1997），頁1224。
〔註85〕《晉書‧羊祜傳》，頁1014。
〔註86〕《三國志考證‧自序》，頁1。
〔註87〕《廿二史考異》卷四十〈外戚傳〉，頁869。

勘中看到。例如〈張昭傳〉：「昭弟子奮領兵為將軍，至平州都督」。陳景雲於此舉「吳主子建昌侯慮嘗鎮牂州，又大將甘寧、潘璋亦曾屯，此乃中流重地，故特置都督如西陵、濡須之比也」。〔註88〕平州實為牂州之誤。此說即以孫吳無平州都督一職來校訂。又如《三國志・明帝紀》載新城太守孟達反，注引文帝與孟達書有「保官空虛，初無資任」一語。景雲認為「資當作質。魏制凡鎮守部曲將及外州長吏並納質任，有家口應從坐者收繫保官。時帝特欲撫慰初附，故為此華言耳」。〔註89〕案楊晨《三國會要》卷十七載魏制：「諸將出征，鎮守方面，皆留質任於內」。又《晉書・劉頌傳》稱曹操創始「父南子北，家室分離」的錯役制，這其實就是一種質任制。景雲熟知曹魏典制，故能改資為質，校正了百衲本之誤。

　　這種以典制校史的方式，乾嘉學者也大量運用，如〈許靖傳〉載：「漢陽周毖為吏部尚書」，錢大昭謂：「西漢置尚書四人，分為四曹：曰常侍曹、曰二千石曹、曰民曹、曰客曹。靈帝以侍中梁鵠為選部尚書，非吏部也。是獻帝時尚未有吏部尚書，此疑撰寫有誤」。〔註90〕大昭於漢史研究甚深，熟悉漢代官制，故能以此糾史之誤。又如其兄大昕校〈高句麗傳〉「其官有相加、……古雛加、主簿、優台丞」。他以《後漢書》中的高麗官制為主，認為應作「古雛大加，謂掌賓客之官也」。〔註91〕趙幼文引《太平寰宇記》、郝經《續後漢書》皆作「古雛大加」。〔註92〕可見宋人所據的《三國志》版本非作「古雛加」。又如〈先主傳〉：「先主亦推璋持鎮西大將軍」。大昕以為「持當作行」。〔註93〕案漢制並無持某將軍一職，而行將軍事卻屢見於史，如行奮武將軍事、行車騎將軍事，行將軍即代理將軍事。趙幼文引《太平御覽》卷一百一十七、《冊府元龜》卷一百八十三俱作「行鎮西大將軍」，〔註94〕大昕雖無旁證，但藉由對官制的熟悉，發現問題，糾出訛誤。潘眉於校勘時亦常用典制校史，〈劉表傳〉注引《英雄記》：「張羨，先作零陵、桂陽長，甚得江淮間心」。潘眉曰：「縣官千石至六百石稱令，五百石稱長。長為令之次。零陵、桂陽皆荊州郡，此長字誤也」。〔註95〕除以官制校史外，又引章懷太子注引《英雄記》作「零陵、桂陽守」為證，說明「長」為「守」字之誤。

〔註88〕《三國史辨誤》，頁944～945。
〔註89〕《三國史辨誤》，頁939。
〔註90〕《三國志辨疑》卷二，頁5。
〔註91〕《廿二史考異》卷十五〈高句麗傳〉，頁373。
〔註92〕趙幼文，《三國志校箋》卷三十，（四川：巴蜀書社，2001），頁1150。
〔註93〕《廿二史考異》卷十六〈先主傳〉，頁376。
〔註94〕《三國志校箋》卷三十二，頁1209。
〔註95〕《三國志考證》卷三，頁448。

（二）以小學校史

校勘對象在字，所以「識字」是學者從事此項工作的先備知識，這種知識在古代被稱為「小學」。它的內容包括字的形、音、義，即文字學、音韻學以及訓詁學。正如錢大昕所言：「六經皆載於文字者也，非聲音則經之義不正，非訓詁則經之義不明」。〔註96〕許多字詞由於古今區隔，用字不盡相同，遂有後人自行改書以合今意，使原本正確的用字成為誤字。「講求通儒之學」的清人從小學入手校勘，取得相當成果。博學多聞的錢大昕以音義校勘〈毌丘儉傳〉，傳云：「句麗王宮將步騎二萬人，進軍沸流水上，大戰梁口」。裴松之注「梁音渴」。錢大昕認為「梁字不當有渴音，疑誤」。〔註97〕按錢說之疑甚是，趙一清曰：「梁口，《冊府元龜》作澠口。注云：『澠音過』，是也，此並訛」。〔註98〕可證梁字為誤。又如〈武帝紀〉：「鑿渠自呼沱入派水」。注：派音孤。大昕以為「派當作泒，從瓜得聲。今訛為支派字」。〔註99〕這些都是以聲韻校史的事例。此外，錢氏也從字形校史，〈夏侯玄傳〉有「清河王經」，注云：「《世語》：『經字彥偉』」。然《管輅傳》注：王經「字彥緯」。對此兩異，大昕以文字學，經從糸部的觀點，作出判斷，認為「當從糸旁」，王經字為彥緯。〔註100〕其他研究《三國志》的學者，趙一清、梁章鉅亦從字形從事校勘。如袁渙之名，一清以其字曜卿，認為渙當作煥，並舉《晉書》有「煥之曾孫」，故應從火部作煥。〔註101〕〈孫皓傳〉有「尚書何禎」之名，梁章鉅以《魏書‧胡昭傳》注引《文士傳》云：「何楨字元幹」，則當從木作楨。〔註102〕皆是以字形校史者。

（三）以史例校史

自孔子作《春秋》後，中國史書就有一套史家筆法流傳至今，可謂為史家作史之通例。這套筆法特重「為尊者諱，為親者諱，為賢者諱。故以子則諱父，以臣則諱君，豈獨《春秋》然哉？雖為士者亦然。故必原父子之親、君臣之義以聽之」。〔註103〕簡單的說，這套筆法的核心內容就在於尊卑有序、為尊者諱的觀念，即陳垣所謂的避諱學。陳氏更指出「研究避諱而能應用之於校勘學及考古學，謂之避諱

〔註96〕《潛研堂文集》卷二十四〈小學考序〉，頁 378。
〔註97〕《廿二史考異》卷十五，頁 372。
〔註98〕《三國志注補》卷二十八，頁 220。
〔註99〕《廿二史考異》卷十五〈武帝紀〉，頁 352。
〔註100〕《廿二史考異》卷十五〈夏侯太初傳〉，頁 363。
〔註101〕《三國志注補》卷十一，頁 135。
〔註102〕《三國志旁證》卷二十七，頁 700。
〔註103〕邵博，《邵氏聞見後錄》卷十三（北京：中華書局，1997），頁 102。

學。避諱學亦史學中一輔助科學也」。〔註104〕陳垣將避諱視爲歷史輔助學科的一種，但研究避諱，卻自宋代的洪邁、周密就開始了，他們留下不少歷代避諱的記載。〔註105〕至清代，學者更將避諱廣泛運用於校勘上，糾正不少前人訛誤。除了避諱的應用外，清人也從史書通例著手，以史書記載的規範來校正《三國志》的正文、注文。所謂「古人著書凡例，即隨事載之書中」。〔註106〕故「讀古人書，必先尋其義例，乃能辨其句讀，非可妄議」。〔註107〕其中最常參用的史法就是針對史家修辭用語來從事校勘。下文就由爲尊者諱以及史家修辭用語，茲舉數例說明，以見其以史例校史之大意。

1. 以尊者諱校書

《三國志・魏武紀》載：「（建安）二十三年春正月，漢太醫令吉本與少府耿紀、司直韋晃等反」。陳景雲據《後漢書》吉本作吉丕，認爲：

> 魏郎中魚豢所著《魏略》，其記吉令事名已從本，殆魏臣自以避文帝諱改，陳氏乃仍魏史之舊耳。東漢杜操字伯度，及魏代避諱易爲杜度，至晉人猶因之，如衛恒《四體書序》可證也。本舉事之，詳見下條裴氏引摯虞《決錄》注中。其子邈、穆之字亦具載焉，而獨逸本字殆亦以字易名，如杜度之例，故不可並書耶？摯注當沿魏代舊文，猶《四體書序》也。〔註108〕

此說從史書避諱的通則入手，考校出吉本應爲吉丕之誤，並舉東漢杜操爲例，補充說明避諱造成的訛誤。其實以丕作本，不僅是避諱，兩字相近也是混淆之因。據盧弼引李慈銘說法：「丕、本二字每易相亂，如《後漢書・循吏傳》劉寵父丕，而《續漢書》作本是也」。〔註109〕景雲校正吉本之誤，可說是發人之未省。

稍後的乾嘉學者亦廣用避諱於校史工作上，如〈孫琳傳〉：「遣從兄慮將兵逆據於江都」。錢大昕云：「下文云：『浚從弟慮』，蓋浚之從弟於琳爲從兄，實一人也。〈三嗣主傳〉做孫憲，憲與慮字形相涉而誤，當以憲爲正。孫權之次子慮封建昌侯，此浚從弟不應予同名也」。〔註110〕是以避族中尊者之諱校史。又如錢大昭對〈三少帝紀〉載齊王芳詔曰：「太尉體道正直」，提出質疑，「何獨非帝語而亦稱

〔註104〕陳垣，《史諱舉例》（台北：文史哲出版社，1974），頁1。
〔註105〕參見黃兆強，《清人元史學探研》（台北：稻鄉出版社，2000），頁164。
〔註106〕《日知錄集釋》卷二十〈書家凡例〉，頁727。
〔註107〕《潛研堂文集》卷十一〈答問八〉，頁173。
〔註108〕《三國史辨誤》，頁939。
〔註109〕盧弼，《三國志集解》（台北：藝文印書館，1982），頁79。
〔註110〕《廿二史考異》卷十七〈孫琳傳〉，頁401～402。

官？蓋壽爲晉臣，無不避諱之理」。〔註111〕再如〈劉焉傳〉：「劉焉字君郎」。趙一清論曰：「《後漢書》亦作君郎，蓋宋避聖祖諱，書朗爲郎，訛作郎」。〔註112〕此皆以帝諱校史。清人校史成果是建立在他們對歷代避諱學有頗深研究的前提上，故能從避諱學觀察史書記載是否失實，並以此校史。

2. 從史家修辭用語校書

史家作史時，往往有一定的體例，遵循一定的慣例，正如劉知幾所言「史無例，則是非莫准」。〔註113〕透過這種有規則可循的史例，將其運用於校勘上就能糾正不少訛文。陳景雲在校勘時就常觀察史家修辭用語，藉此校出訛誤。〈韓暨傳〉「文帝踐祚，封宜城亭侯。黃初七年，遷太常，進封南鄉亭侯，邑二百戶」、〈馬忠傳〉「封博陽亭侯……加安南將軍，進封彭鄉亭侯」。景雲就二傳言進封，認爲「由亭侯進封鄉侯，彭鄉下衍一亭字」。〔註114〕在〈韓暨傳〉更舉滿寵、王淩由亭侯進封南鄉侯一事，證明亭字爲衍。既云進封卻書亭侯，可見文中必有不當之處，景雲以此校改極爲合理。

後出的清代學者，也充分應用史例於校勘上。如史家撰寫人物多書郡縣，少書郡而未書縣，大昕以此例之，以爲〈王朗傳〉「東海郡人」，郡應改爲郯，即東海郯人。〔註115〕又如潘眉校〈王昶傳〉「封二子亭侯、關內侯」，以爲「史例，關內侯書賜爵，亭侯以上書封。傳宜云封一子亭侯，賜一子爵關內侯。今連文書封，非也」。〔註116〕另外，史家對於某些詞句，往往會在第一次出現時使用，此後不見。如陳浩以春夏秋冬四季校〈文帝紀〉內的重複字句，他稱：「前已有春正月，則此處春字爲衍」。〔註117〕不只季節如此，年號也是，史家於此傳首見某年號都先書其名稱，如〈後主傳〉建興元年有建興二字，其後不書，僅書二年、三年。大昕以此例之，認爲〈楚王彪傳〉載「元年，爲有司所奏」。所謂的元年當指青龍元年，「史脫青龍」二字。〔註118〕又〈三嗣主傳〉載孫亮即位後改元，史書只書月分，而未書年號，他以爲「此傳閏月之上當有建興元年四字。以〈孫休傳〉書『永安元年冬十月』、〈孫皓傳〉書『元興元年八月』例之可見」。〔註119〕他們還以前後對照的方

〔註111〕《三國志辨疑》卷一，頁5。
〔註112〕《三國志注補》卷三十一，頁240。
〔註113〕《史通通釋·序例》，頁88。
〔註114〕《三國史辨誤》，頁943。
〔註115〕《廿二史考異》卷十五，頁365。
〔註116〕《三國志考證》卷五，頁470。
〔註117〕《三國志旁證》卷三，頁71。
〔註118〕《廿二史考異》卷十五〈楚王彪傳〉，頁368。
〔註119〕《廿二史考異》卷十七〈三嗣主傳〉，頁390。

式，推斷此文是否合乎史例，有無脫漏。錢大昭論〈孫權傳〉「以驃騎步騭為丞相，車騎朱然為左大司馬，鎮南呂岱為上大將軍」，由史例校此段文字，指出「此篇雖為列傳，當從本紀之例，不可不嚴謹齊整也。驃騎、車騎、鎮南下皆當有將軍二字」。〔註120〕凡此都是清人以史例校史的例證。

（四）據地理校史

清代距三國時期已有千年之遠，各地地名不知有多少次的更動，尤其經過時間變遷，後人遂有不闇地理而逕改地名致誤者。錢大昕就認為讀史不識輿地，「譬猶瞽之無相也」。〔註121〕治史不知地理就好比眼睛看不到的瞎子一樣，地理對史學的重要由此可見。對「地理制度，考據尤詳」的陳景雲、趙一清以及錢大昕來說，透過地理校定書中內容自然是拿手能事。

陳景雲校《三國志》有不少以地理校勘的，如〈田豫傳〉載：「公孫瓚使豫守東州令」，他稱：「按東疑當作泉，泉州縣名屬漁陽郡」。〔註122〕此論可由其他史書中得到證明，《漢書・地理志》載漁陽郡內概況，轄內「泉州，有鹽官」。〔註123〕今人所知的福建泉州則是隋平陳後始置。泉州縣屬漁陽郡與公孫瓚據幽州的史實相合，所以公孫瓚才令田豫守泉州令。改東州為泉州，應是不誤。又如〈陳武傳〉載：「嘉禾三年以（陳）表領新安都尉」。景雲由〈諸葛瑾傳〉注引《吳書》有「新都都尉陳表」一語，以為「安當作都，是時新都猶未改新安」。〔註124〕據《宋書》記載「新安太守，漢獻帝建安十三年，孫權分丹陽立曰新都，晉武帝太康元年更名」。〔註125〕可知在孫吳政權統治下，從未有新安郡之名，新安得名甚晚，直到晉武帝統一後才有此名。新都所以作新安應是陳壽或後人校注《三國志》時，不慎以入晉時的新地名來稱吳國新都郡所致。《冊府元龜》卷五百零三作「新都都尉陳表」可證。〔註126〕

注《水經注》的趙一清常以地理校史之誤，如〈呂虔傳〉有「襄陵校尉杜松部民炅母等作亂，與昌豨通」一句。一清指出「襄陵字誤，當作襄賁。兩《漢志》東海郡襄賁縣，賁音肥。時昌豨作亂於東海，故炅母得與豨通，若河東之襄

〔註120〕《三國志辨疑》卷三，頁3。

〔註121〕《潛研堂文集》卷二十四〈東晉南北朝輿地表序〉，頁386。

〔註122〕《三國史辨誤》，頁942。

〔註123〕班固，《漢書・地理志》（北京：中華書局，1997），頁1624。

〔註124〕《三國史辨誤》，頁945。

〔註125〕沈約，《宋書・州郡志》（北京：中華書局，1996），頁1037。

〔註126〕王欽若等，《冊府元龜》卷五百零三〈屯田〉，收入於《景印文淵閣四庫全書》910（台北：商務印書館，1983），頁739。

陵，與陳留襄邑之亦名襄陵者，皆去東海甚遠，陵字為誤無疑」。〔註127〕透過昌豨作亂於東海的史實，並以道里遠近觀察校尉杜松時任何職，校出襄陵當為襄賁之誤，其說可信。

另一位「留意三國疆域有年」的錢大昕，對於三國地理也有深刻研究。如〈國淵傳〉：「國淵字子尼，樂安蓋人」。大昕曰：「蓋縣屬泰山，不屬樂安。蓋當為益字之誤」。〔註128〕又如〈司馬芝傳〉：「芝為菅長」，謂：「管當作菅。濟南有菅縣，故下文有馳檄濟南之語」。〔註129〕大昕亦以實際情況搭配道里來觀察今本所載是否有誤，如〈鄭渾傳〉：「脅將夏陽長、邵陵令并其吏兵入崤山」。大昕指出：「馮翊無邵陵縣，若汝南之召陵，則與馮翊遠不相涉，疑即郃陽之訛」。〔註130〕即以其豐富地理知識校勘《三國志》內文。

（五）以金石校史

金石學至清代極為興盛，清人不僅運用金石補史，更引用金石於校史工作中，獲得不少成果。大體來說，清人對於金石的態度，正如錢大昕所稱：「金石銘勒，出于千百載以前，猶見古人真面目，其文其事，信而有徵，故可寶也」。所以「金石之學，與經史相表裏」。〔註131〕所謂相表裏就是指金石可與經史互相補充，亦可互相糾誤。金石能「考稽史傳，證事跡之異同」。〔註132〕在相當程度內，若史文與碑文內容衝突，則抱持「餘文亦稍有異，皆當以碑為正也」。〔註133〕被王鳴盛稱為「古今金石學之冠」的錢大昕，在《金石文跋尾》收集不少金元時期關於先主廟、關羽廟的碑文，這些內容對於研究《三國志》有其貢獻。〔註134〕錢大昭多以金石校史，如〈文帝紀〉載〈易運期〉內容：「鬼在山，禾女連，王天下」。大昭謂：「古魏字作巍，故云『鬼在山，禾女連』也。漢人書魏字，或姓或郡皆有山字，見洪适《隸釋》者不可勝計」。〔註135〕就是以漢代碑文所記的文字來證明漢人書魏為巍，如此說法甚為可信。

嘉慶時代的潘眉更博引碑文校史，如〈文帝紀〉：「冬十一月，漢禪讓於魏」，

〔註127〕《三國志注補》卷十八，頁171。
〔註128〕《廿二史考異》卷十五〈國淵傳〉，頁364。
〔註129〕《廿二史考異》卷十五〈司馬芝傳〉，頁365。
〔註130〕《廿二史考異》卷十五〈鄭渾傳〉，頁366。
〔註131〕《潛研堂文集》卷二十五〈關中金石記序〉，頁396。
〔註132〕《潛研堂文集》卷二十五〈郭允伯金石史序〉，頁395。
〔註133〕《三國志考證》卷三引王昶語，頁66。
〔註134〕《三國志旁證》卷二十三，頁584、586。例如梁章鉅就引錢大昕收集的碑文來論證張飛字為益德。
〔註135〕《三國志考證》卷一，頁63。

潘眉除引《後漢書·獻帝紀》、《三國志·文昭甄皇后傳》以及《五代史·張策傳》的記載外，還引〈魏受禪碑〉所載：「十月辛未受禪於漢」，證明魏於十月受禪。〔註136〕又如《三國志》載：「相國（華）歆、太尉（賈）詡、御史大夫（王）朗及九卿奏曰」，請曹丕稱帝，潘眉引〈魏公卿上尊號奏〉所署名者惟有七卿，「無大鴻臚、宗正。此云九卿，亦約舉之詞」。〔註137〕清代學者還以碑文校《三國志》內的官稱、人名之誤，如《三國志·王基傳》稱王基以荊州刺史加揚烈將軍，潘眉以〈王基碑〉為證，認為揚烈當作揚武。洪飴孫著《職官表》時，亦引此碑為據，列王基於揚武將軍條下。〔註138〕〔註139〕

在此要指出的是，清人雖然相信金石碑文具有高於正史記載的史料價值，但金石亦有後人偽作的可能，所以他們不是毫無根據的相信金石，而是先究其是否可信，不然則存疑之。如關羽與其父祖三世皆習《春秋》一事，實出於後人所立的〈解州守祖墓碑記〉而衍之，清張大本亦有墓銘言其事。然梁章鉅卻不輕信，而據〈關羽傳〉的記載，認為此「無徵，不可信也」。〔註140〕又如清人所作的〈關侯祖墓碑記〉，詳載關羽父祖妻兒，以及眾人的出生年月，章鉅亦以為「此事創奇，他無經證，……祇可存備異聞。且公尚有子興嗣爵，明見傳中，而此記祇載平不載興，亦不能無疑也」。〔註141〕對碑記內容並未直斷其偽，認為尚「可存備異聞」，但以「亦不能無疑」的態度來觀察此碑，可說是態度謹慎。

乾嘉三大家對於金石也採取不輕信的態度。王鳴盛與趙翼都曾論關羽為漢壽亭侯一事，他們不誤信世傳的壽亭侯印，反倒舉不少史實來論證其不可信，說明漢壽為今武陵之地。〔註142〕而錢大昕對於所收集碑文，往往注明內容來源，如元至正年間的〈關王廟碑〉，言關羽六月二十二日生，關平五月十三日生，大昕指稱「王之生日不見於傳紀，碑所記者，荊楚相傳之說」。〔註143〕大昕雖將此碑載入書內，但仍加以註解，說明這段碑文來源為「荊楚相傳之說」，表示存疑。

綜上所述，清人校勘《三國志》的方式可見大略，當然清代學者援用的歷史輔助學科不只有上述幾種，還有其他校史方式，本節主要針對的是他們校勘《三國

〔註136〕《三國志考證》卷一，頁430。

〔註137〕《三國志考證》卷一，頁431～432。

〔註138〕《三國職官表》卷下，頁1549。

〔註139〕《三國志旁證》卷十八，頁463。

〔註140〕《三國志旁證》卷二十三，頁586。

〔註141〕《三國志旁證》卷二十三，頁581。

〔註142〕《十七史商榷》卷四十一〈漢壽亭侯〉，頁260。

〔註143〕《三國志旁證》卷二十三引錢大昕語，頁58。

志》常用的方式，所以不求完備，未能將其他輔助學科一一點出。但透過上述例子，可以明顯發現清人學問的廣博，他們以多元的校勘，輔以各樣的輔助科學，將《三國志》內積習已久的訛誤文字點出校勘。就今日而言，這種成果極耗心力，卻是不能偏費的工作，這種求真精神值得我們感佩。

第三節　清人校勘《三國志》的缺失

　　清人校勘《三國志》有不少貢獻，將訛誤已久的內容予以糾舉，讓《三國志》的內容避免了以訛傳訛。可是清人的研究還有一些值得商榷的地方。以對校法為主的何焯就被眾家學者稱「不知義門於詞科之學，有無夢見，居然屢發大言。《四庫提要》及《簡明目錄》、《困學紀聞》條，於焯之妄肆詆摘，也大有微詞；謝山作《紀聞》序，亦誚為批尾家當」。〔註 144〕錢大昕跋《義門讀書記》亦云：「近世吳中言實學，必曰何先生義門。義門固好讀書，所見宋元槧本，皆一一記其異同。……至其援引史傳，羈絆古人，有絕可笑者」。〔註 145〕這些評論或許有些太過，但也不是空穴來風，衡諸義門之書倒有幾分道理。不只何焯如此，其他校勘《三國志》的大家如陳景雲、趙一清、潘眉以及錢大昕、大昭兄弟也都有一些共同問題，今見其校約有下列數者較為可議。

一、對古代字詞的理解有限以致誤

　　古代字詞的運用隨著時代演變而有不同意義的呈現，流傳數百、數千年的史籍在字義上也與今日不盡不同，遂出現以今日涵義來看卻不能解釋的地方。正因為如此，學者在研究上難免會有對字詞了解不夠，而逕自解釋，出現郢書燕說的情況。這種以今臆古，未經考證而將古字改為今日用語，仍可見清人校勘《三國志》的研究中。

　　《三國志·夏侯玄傳》記夏侯玄上言，禁除末俗華麗之事，衣服應該「自上以下，至於樸素之差，示有等級而已，勿使過一二之覺」。何焯懷疑覺當作較。〔註146〕然而，考諸史書，何焯的懷疑似乎是多餘的。據吳金華先生的解釋，古書中的覺經常被當作較來使用，如《三國志·高貴鄉公紀》注引《魏氏春秋》言：「聖賢

〔註 144〕陳康祺，《郎潛紀聞二筆》卷八〈何義門行止不端〉（北京：中華書局，1997），頁 474～475。
〔註 145〕《潛研堂文集》卷三十，頁 519。
〔註 146〕武英殿本《三國志》考證引何焯語，收入於《二十五史》（台北：開明書局，1983），頁 947。

之分，所覺懸殊」。〔註147〕這裡的覺字就是當作比較來使用，亦可作差距之義。又《晉書‧傅玄傳》有疏曰：「古以百步爲畝，今以二百四十步爲一畝，所覺過倍」。也是覺字當差距、比較解。古人覺字與較字意同，何焯的疑訛應是多餘。又如《三國志‧孫登傳》載：「黃龍元年，權稱尊號，立爲皇太子（孫登），以恪爲左輔，休右弼，譚爲輔正，表爲翼正都尉，是爲四友，而謝景、范愼、刁玄、羊輔，等皆爲賓客，於是東宮號爲多士」。何焯認爲刁玄的刁，「古無刁字，宜從宋本作刀」。〔註148〕這是否合於實情呢？據《漢魏南北朝墓誌彙編》銘文有「控帶二江，刁斗夜驚，權烽晝起」。〔註149〕可見刁字的由來已久，非古無刁字。又據《江表傳》：「初丹陽刁玄使蜀。得司馬徽與劉廙論運命歷數事。玄詐增其文。以誑國人曰。黃旗紫蓋見於東南。終有天下者。荊揚之君乎」。〔註150〕唐代許嵩的《建康實錄》亦作「刁玄」。〔註151〕顯見刁玄並無誤。這些未經考證，而直斷是非的說法，或許是何焯之所以被人稱爲「屢發大言」的原因吧！

同樣的情形出現在以考據見長的錢氏兄弟，錢大昕、錢大昭身上。如《三國志》載鄧芝爲大將軍，大昕認爲當衍大字，然依史例，史家敘事若顯其職官，則稱將軍全銜，如揚武將軍、征東將軍等，至於獨當一面的將領則泛稱大將，如「維爲大將鄧艾所破于段谷」，故去大字稱將軍，恐不如去軍字，作大將。據《藝文類聚》卷五十九引《蜀志》〔註152〕、《太平御覽》卷二百七十五、二百八十引《蜀志》俱無軍字。可見此論尚須商酌。

精熟漢史的錢大昭，在校史時亦不免有訛誤出現。如漢代有大司農之職，此職雖有數年更名，大體仍以大司農爲名。因此大昭認爲《三國志》中的大農有誤，應改爲大司農。然據《三國志》所載，獻帝建安十八年魏國既建，改漢大司農爲大農，直到黃初元年才改大農爲大司農。可見曹魏曾有一段時間改大司農爲大農。《文選》卷六左思〈魏都賦〉李善注云：「建安十八年，始置侍中、尚書、御史、符節、謁者、郎中令、太僕、大理、大農、少府、中尉」。〔註153〕又《藝文類聚》

〔註147〕吳金華，《三國志校詁》（江蘇：江蘇古籍出版社，1990），頁68。

〔註148〕《義門讀書記‧三國志》，頁233。

〔註149〕趙超，《漢魏南北朝墓誌彙編》，（天津：天津古籍出版社，1992），頁150～151。

〔註150〕《三國志‧三嗣主傳》注引《江表傳》，頁1168。

〔註151〕許嵩，《建康實錄》卷二，收入於《筆記小說大觀》20（台北：新興書局，1977），頁697。

〔註152〕歐陽詢，《藝文類聚》卷五十九〈將帥〉，收入於《景印文淵閣四庫全書》888（台北：商務印書館，1983），頁355。

〔註153〕昭明太子，《文選附考異》卷六《魏都賦》（台北：藝文印書館，1955），頁69。

卷二十引《魏志》：「王脩爲大農郎中令」。〔註 154〕以及出土的晉寫本《三國志》都沒有司字。〔註 155〕可見此作大農無誤，大昭未明此義，故校改失誤。

即使是乾隆年間的四庫館臣，他們校正明監本〈鄧艾傳〉的記載，也出現對古代字詞的理解有限而失誤之處。明監本：「令淮北屯二萬人，淮南三萬人，十二分休，常有四萬人，且田且守」。李龍官以爲「淮北二萬，淮南三萬，共五萬人，以十二分休計之，止應四千有奇，不得云四萬也」。〔註 156〕然十二分休指得是十分之二眾休養，李龍官誤以十二分休是分爲十二份，所以認爲「止應四千有奇」，不過從眞正意義十分之二眾休養，「常有四萬人」並無誤。百衲本、《太平御覽》「千」皆作「萬」。〔註 157〕李龍官雖從實際計算來判斷，但由於對古代字詞的理解有誤，以致校勘失實。凡此都是清人對古代字詞或史例的理解不全而導致的錯誤，儘管清人以細心、耐心來校勘史書，然而這種缺失還是難免的。

二、態度輕忽與論證不足而誤

在清人的研究中，論法精簡未能提出證據，或因態度疏忽以致誤的情形也會出現在研究中。何焯就如其弟子所言，有所得就「約言以記之」，然而這種約言仍是一般文人的粗記，或僅憑孤證而作的論斷，對證據的講究仍稍嫌不足。可以說何焯雖有考辨精神，卻談不上考證的精審。焦循《雕菰集》卷十二〈國史儒林文苑傳議〉說到：「同一校讎也，何義門宜屬文苑；盧召弓宜屬儒林」。〔註 158〕指得就是何焯對證據的輕忽。例如《三國志‧王粲傳》注引〈曹丕與吳質書〉有「今惟吾子，棲遲下仕」一語，何焯稱：「宋本仕作士」。不過據盧弼與趙一清的研究，宋本《三國志》的仕不是作士字，而是土字。〔註 159〕又如《三國志‧先主傳》載劉備〈即位告天文〉，其中有「又懼漢邦將湮于地」一辭，殿本《三國志》考證引何焯語：「漢邦作漢祚」。然此語缺乏版本依據，據百衲本《三國志》，漢邦無誤。〔註 160〕明顯地，這都是何焯引用版本時不小心所致。

另兩位校勘《三國志》極有成果的錢大昕、錢大昭兄弟，他們的校勘內容亦有疏忽致誤。如〈僕陽興傳〉載：「加興侍郎，領青州牧」，大昕言：「興位爲丞相，

〔註 154〕《藝文類聚》卷二十〈忠〉，收入於《景印文淵閣四庫全書》887，頁 478。
〔註 155〕《校史隨筆》，頁 32。
〔註 156〕《三國志旁證》卷十八引李龍官語，頁 463～464。
〔註 157〕百衲本《三國志》（台北：商務印書館，1981），頁 384。
〔註 158〕《中國古代史籍校讀法》引焦循《雕菰集》，頁 142。
〔註 159〕《三國志注補》卷二十一，頁 191。《三國志集解》，頁 546。
〔註 160〕百衲本《三國志》，頁 443。

何緣更加侍郎？宋本作中郎，亦未可據」。〔註161〕其實大昕只講對一半，侍郎的確
有誤，但是他認為未可據的宋本並不作「中郎」，而是「侍中」，可參見盧弼之說，
百衲本亦作「侍中」。〔註162〕大昕之論似失於不慎。又如《楚王彪傳》：「封彪世子
嘉為常山真定王」。錢大昭稱：「嘉以罪人之子紹封，不應獨得二大郡，疑有衍
文」。〔註163〕大昭此說實有疏忽之處，案漢魏時真定為縣，屬常山國內，所以「嘉
以罪人之子紹封」，封邑只有縣，並未獨得二大郡。

　　除了治學態度疏忽外，個別學者使用的方法，也影響著他們的校勘。像何焯使
用的方法，即「據此本以校彼本，一行幾字，鉤乙如其書；一點一畫，照錄而不
改」的死校法，讓何焯在校勘屢有漏洞出現。〔註164〕顧廣圻言：「義門手閱書籍及
門下士所過最盛，往往有源流，蓋見舊本多耳」。〔註165〕從何焯批校《三國志》的
論法來看，他在校勘上極度倚賴宋本，只要今本《三國志》與宋元舊籍有所出入，
往往據之修正，然宋元舊籍就如同杭世駿所言：

　　　　今之挾書以求售者，動稱宋刊。不知即宋亦有優有劣。有太學本、
　　有漕司本，有臨安陳解元書棚本，有建安麻沙本，而坊本則尤不可更僕
　　以數。〔註166〕

版本優劣確實是影響校勘正確與否的關鍵因素，但即使是版本較優的宋本也難保正
確無誤。如前述宋本所作的都督華雄，根據研究實為都尉葉雄之誤，可見宋本亦有
誤處。所以盧文弨就認為「今之所貴於宋本者，謂經屢寫則必不逮前時也。然書之
失真，亦每由於宋人。宋人每好逞臆見而改舊文。……後人信其說，遂以改本書
矣」。〔註167〕當然校勘古書，宋元舊籍是不可或缺的主力，但它不免有訛誤、有脫
文，甚至有後人自行增損處，因此盲從它、迷信它，把它當作唯一依據來從事校勘
都是值得省思的。上文所舉的〈曹丕與吳質書〉、劉備〈即位告天文〉，即何焯僅舉
孤證，相信舊籍而出現的校勘盲點。

　　何焯以版本校史，有時僅書宋本為何，論法較為精簡，不過以理校法校史的學
者，也不見得會提出充分證據來支持自己的校勘。顧廷龍在《百衲本三國志校勘

〔註161〕錢大昕，《諸史拾遺》卷一〈濮陽興傳〉，收入於《續修四庫全書》455（上海：上
　　　　海古籍出版社，1995），頁6。
〔註162〕百衲本《三國志》，頁724。
〔註163〕《三國志辨疑》卷一，頁27。
〔註164〕《中國古代史籍校讀法》引葉德輝《藏書十約》，頁178。
〔註165〕鄭偉章，《文獻家通考》（上）引顧廣圻語（北京：中華書局，1999），頁143。
〔註166〕《道古堂文集》卷十九〈欣託齋藏書記〉，頁396。
〔註167〕《抱經堂文集》卷二〈重雕經典釋文緣起〉，頁568。

記》序文中曾對清人校勘略作評論,他認為「王(鳴盛)錢(大昕)均以過人之精力,以推理校勘為主,而宋元舊本,未獲多見,故雖能舉其疑誤奪失而無所取證」。〔註168〕正由於「無所取證」,所以清人校勘時不免單憑孤證而校,直斷是非。如趙一清的研究就有直斷是非,而未提出具體證據的事例。《三國志注補》稱「文長未曾為軍師,或是帥字之誤」,一清未引任何證據補充己說,直斷師字為帥字之誤。〔註169〕但據諸葛亮〈廢李嚴文〉中,同奏諸臣中有「使持節、前軍師、征西大將軍、領涼州刺史、南鄭侯臣魏延」,可知魏延曾任軍師無誤。此為校勘時態度輕忽,或論證不足導致的校勘錯誤。

三、版本與相關史書的運用不盡完全

清人重視證據,講求版本,卻由於書籍流通不便,導致使用的校勘法往往受限,尤其是宋元善本的難求,更讓大多數的清代學者在校勘上傾向無須其他書籍作為依據的理校法。實際上理校法確有功用,各版《三國志》相同的錯誤,如《三國志·凌統傳》記凌統病卒,卒年四十九,只有藉此才可辨正。陳景雲校此條,以為「統父操以建安八年從征黃祖戰沒,統時年十五。及十一年,即預討麻屯之捷,後至四十九而卒,則吳之赤烏中也。統自攝父兵屢立戰功,為時名將。若赤烏中尚在,則從征合肥還二十年間,統之宣力戎行多矣,何更無功可錄乎?據〈駱統傳〉,『凌統死,復領其兵』,在隨陸遜破蜀軍之前。然則統之年當在三十左右,本傳所云乃傳錄之誤」。〔註171〕此語未引它書輔助,但內容極為精審。趙幼文與吳金華引《建康實錄》、《太平御覽》,指出卒年當為二十九,而非四十九。按唐人所著《建康實錄》卷一載建安二十二年事:「是歲,偏將軍、都亭侯凌統卒」。「統為人性好接物,親賢愛士,輕財重義,有國士風,年二十九卒」。〔註172〕《太平御覽》卷四百八十八亦作凌統「卒時年二十九」。〔註173〕可見凌統卒年為二十九歲。陳景雲以理校法校正史書之訛,確有過人之見。

原本校讎之術就不是單純比較文字的是與非,理校法以理校勘的優點即在此,然如陳垣所言:「此法需通識為之,否則魯莽滅裂,以不誤為誤,而糾紛愈甚矣。故最高妙者此法,最危險者亦此法」。〔註174〕趙幼文稱校讎之法「必明史實、通文

〔註168〕顧廷龍,《百衲本三國志校勘記·序》(北京:商務印書館,1999),頁2。
〔註169〕《三國志注補》卷四十四,頁288。
〔註171〕《三國史辨誤》,頁943。
〔註172〕《建康實錄》卷一,頁655。
〔註173〕《太平御覽》卷四百八十八〈涕〉,收入於《景印文淵閣四庫全書》897,頁497。
〔註174〕《校勘學釋例》卷六〈校法四例〉,頁148。

律、悉詞例，莫違乎是，述寡衍尤」。〔註175〕以清代學者陳景雲、錢大昕、王鳴盛
等人的治學之勤，對《三國志》的熟悉自然不在話下，可是這種以主觀議論為主的
方法，在缺乏實證依據的情形下，難免稍一不慎，便有錯誤論斷。顧廷龍曾對清人
校勘略作評論，認為「夫校史之難，首在求本，善本難求，自古而然」。所以稱張元
濟「咸有依據，與王、錢推理校勘有所不同」，指出清人校勘缺乏版本依據的問題。
〔註176〕從事校勘不僅要尋求善本，廣求諸本也是校勘的基本條件之一，章學誠謂：

　　　　校書宜廣儲副本。劉向校讎中秘，有所謂中書，有所謂外書，有所
　　謂太常書，有所謂太史書……。夫中書與太常、太史，則官守之書不一
　　本也。……夫博求諸本，乃得讎正一書，則副本固將廣儲以待質也。
　　　〔註177〕

概括地說，廣搜眾本對校勘來說，除了比較的依據多了，發現異文的根據更為充足
外，學者更可擇善而從，進而取得較大的校勘成就。但這兩點，並不是全部的《三
國志》研究者都能做到，使得部分學者研究《三國志》的最大問題，就是缺乏依
據。例如〈步騭傳〉云：「太子登與騭書，騭條諸葛瑾、陸遜、朱然、程普等十一
人，甄別行狀，因上疏獎勸」。陳景雲認為：

　　　　騭所條上諸臣皆當時有聲績于荊州者，程普之卒在吳主稱尊號前，
　　不應亦列其中，恐傳錄誤也。時呂岱在荊州，其名跡亦葛陸之亞，騭獨
　　遺之為不可曉。或程普乃呂岱之訛，如《魏志‧夏侯惇傳》中以雲長為
　　呂布也。〔註178〕

景雲指出程普為誤字並沒有錯，但他以呂岱代程普卻非實情。據趙幼文《三國志校
箋》的研究：「上文：『頃以冀州在蜀分解牧職。時權太子登駐武昌與騭書。』考
吳、蜀交分天下在黃龍元年。是年九月權遷建業，留登武昌，則登與騭書，當在是
年。據〈呂岱傳〉，岱延康元年代步騭為交州刺史，黃龍三年以南土清定召岱還，
是騭條諸葛僅十一人甄別行狀時，岱猶在交州，故騭未及之。又考《實錄》「程
普」作「程秉」，據秉傳，秉時為太子太傅，與登居武昌，則作「程秉」為得。作
「程普」者，蓋傳寫者習見程普而妄改也」。〔註179〕《建康實錄》卷二正作程秉，
非程普，景雲之說恐非。〔註180〕

〔註175〕趙幼文，〈三國志集解獻疑初稿序〉，收入於《三國志校箋》，頁2050。
〔註176〕《百衲本三國志校勘記‧序》，頁3。
〔註177〕《章氏遺書》卷十《校讎通義》內篇〈校讎條理〉，頁220。
〔註178〕《三國史辨誤》，頁945。
〔註179〕《三國志校箋》，頁1698。
〔註180〕《建康實錄》卷二，頁711。

　　缺乏諸本為據導致校勘失誤，缺乏版本依據，則會出現費力校勘的情形。錢大昭論周群字仲直，大昭稱：「〈季漢輔臣贊〉作字仲宣」。這是因為大昭引用的底本有誤，所以「〈季漢輔臣贊〉作字仲宣」，今檢百衲本《三國志‧楊戲傳》「贊王元恭、何彥英、杜輔國、周仲直」。〔註181〕〈周群傳〉與〈季漢輔臣贊〉間並無牴牾。又《華陽國志》卷十二載：「儒林校尉周群，字仲直」，皆與本傳周群字仲直合。可見周群字仲宣的出現應是大昭引用後出版本而誤。又如費褘為昭信校尉，毛本作照信校尉，大昭認為照當為昭，其實這在百衲本中就可得到證實，假使他引用較好版本就無須再校。另一位學者潘眉，校勘時少有版本依據，如〈孫權傳〉二十五年注引《魏略》、〈王朗傳〉注引《世語》：「（王）恂字子良大」。即是其例。潘眉所見版本《魏略》作《魏啓》，他認為「《魏啓》書未詳」，此當為《魏略》之訛。〔註182〕「子良，《晉書》作良夫。此子字衍文，大字即夫字之訛。弟愷字君夫」。〔註183〕這些校改據百衲本的記載來看，〈孫權傳〉二十五年注引的確是《魏略》，〈王朗傳〉注引《世語》也是「恂字良夫」，都是無疑之處。〔註184〕

　　引用較差的版本不只會費力校勘，甚至會出現以不誤為誤的情形。如〈呂蒙傳〉有「郝子太聞世間有忠義事」，大昭認為「楊戲〈輔臣贊〉，郝普字子大，此太字誤，下同」。〔註185〕然據百衲本《三國志》作「郝子太」。〔註186〕未有子大，太字無誤而是大昭引用版本的大字有誤。洪飴孫包羅萬千、考證精細的《三國職官表》列有翰林中郎將，三國時代並無翰林中郎將一職，而是後人妄改羽為翰字，飴孫之誤正因為引用較差版本所致。百衲本《三國志》正作「羽林中郎將」，可糾其誤。

　　上述是清人校勘缺乏版本或相關史料，而以不誤為誤或費力校勘的情形，其實他們論斷正確的內容也可從其他地方得到旁證。以理校為主的陳景雲不像其師何焯廣求諸本校書，正同《四庫提要》所稱：「雖所辨數十條，不能如何焯書校正之詳，而不似焯之泛作史評。又大抵以前後文互相考證，參以《後漢書》、《晉書》，不能如杭世駿書徵據之博，而亦不似世駿之蔓引雜說」。〔註187〕如〈凌統傳〉：「從往合肥」的往字作征，就可由《太平御覽》卷七十三、四百三十五引

〔註181〕百衲本《三國志》，頁590。
〔註182〕《三國志考證》卷七，頁487～488。
〔註183〕《三國志考證》卷四，頁460。
〔註184〕百衲本《三國志》，頁553。
〔註185〕《三國志辨疑》卷三，頁8。
〔註186〕百衲本《三國志》，頁537。
〔註187〕《三國史辨誤‧提要》，頁938。

《吳志》作「從征」得到證明。〔註188〕〈丁奉傳〉：「進封都亭侯」，景雲以常理論斷亭字應作鄉字，但缺乏旁證，《冊府元龜》卷三百七十七、《建康實錄》卷四記丁奉此事皆作「都鄉侯」，並非亭侯。〔註189〕《孫休傳》：「從中書侍郎射慈、郎中盛沖受學」，景雲疑射慈爲謝慈，《太平御覽》卷一百十八引作「中書郎謝慈」，可補充其說。〔註190〕〈諸葛亮傳〉注引《漢晉春秋》：「張郃攻無當監何千於南圍」。趙一清雖明白指出「何千當作何平」，卻未提任何證據。《太平御覽》卷二百九十一作「無當監何平」，可證其說。〔註191〕這都是清代學者未見，足爲佐證之書。或許他們受到環境因素限制，而未有佐證輔助其說，卻能盡責的指出所據《三國志》版本之失，的確可見治學功力之深。不過缺乏諸書或版本爲據所導致的訛誤，也是吾人應當注意的。

第四節　小　結

　　《三國志》在清代史家的細心整理下，除了不少沿襲已久的訛誤得到辨正，也初步歸納出《三國志》致誤的原因。他們認爲《三國志》之所以會出現脫文、衍文、倒文等情形，其主要原因，在於傳刻者的妄改，尤其自《三國演義》盛行後，更有不少人根據演義內容更改正史文字，造成更多訛誤出現。對於這些訛誤，清代學者也以各種校勘方式、輔助學科來從事校勘，儘管個別史家偏重方法不一，卻是爲了恢復古書原貌。

　　然而，從清人校勘的《三國志》中，還是可以看到應當努力的地方。首先是缺乏版本與諸書的引用，大多數的清代學者以理校法從事校勘，而理校時缺乏佐證，不能廣泛地引用版本或諸書，自然會有說服力不足，甚至以不誤爲誤的情況。再者，學者本身對古代字詞的理解有限，或態度疏忽，也都是導致訛誤的原因之一。不過無可否認的，清代學者的校勘，的確有莫大貢獻，爲今人校勘出可靠的《三國志》內容，是吾人深感敬佩之處。

〔註188〕《太平御覽》卷七十三〈橋〉，收入於《景印文淵閣四庫全書》893，頁 713。《太平御覽》卷四百三十五〈勇三〉，收入於《景印文淵閣四庫全書》897，頁 113。

〔註189〕《冊府元龜》卷三百七十七，收入於《景印文淵閣四庫全書》908，頁 544。《建康實錄》卷四，頁 774。

〔註190〕《太平御覽》卷一百十八〈偏霸孫休〉，收入於《景印文淵閣四庫全書》894，頁 233。

〔註191〕《太平御覽》卷二百九十一〈料敵下〉，收入於《景印文淵閣四庫全書》895，頁 647。

第三章 知其世以論其人——清人的《三國志》評論

　　歷史評論是人對歷史所作的價值判斷，在任何史學著作中都脫離不了歷史記載與歷史評論這兩種，即使是清代史家也不例外。宋人吳縝曾說過：「夫為史之要有三：『一曰事實，二曰褒貶，三曰文采』。有是事而如是書，斯謂事實，因事實而寓懲勸，斯謂褒貶。事實、褒貶既得必資文采以行之，夫然後成史」。〔註1〕記載歷史是為了追求客觀事實，評論歷史則是作出價值判斷，達到鑑古知今，兩者皆不可廢。然一般對於清代史學的觀點大多是考史而不論史，甚至是反對論史。如王鳴盛在《十七史商榷》中，明白宣稱治史宗旨：「大抵史家所記典制，有得有失，馳騁議論，已明法戒也」，「讀史者亦不必強立文法，擅加與奪，以為褒貶也」。最後更總結出「作史者之所記錄，讀史者之所考核，總其于能得其實焉而已矣，外此又何能多求邪」！〔註2〕錢大昕《廿二史考異》亦稱：「更有空疏措大，輒以褒貶自任，強作聰明，望生疿瘤，不叶年代，不揆時勢，強人以所難行，責人以所難受，陳義甚高，居心過刻，予由不敢效……惟有實事求是，愛惜古人之心，可與海內共白」。〔註3〕這些話都表達了他們的治史目標，即史家真實地記載史實，詳細地考證歷代典制，就是史家任務。但仔細觀察不難發現，他們反對的是任意褒貶的史論，也就是「強立文法，擅加與奪，以為褒貶」，置客觀史實不顧，而全以主觀判斷的歷史評價。因此像王鳴盛一方面反對宋以後「略通文義，便想著作傳世，一涉史事，便欲法聖人筆削」，一方面卻又大表贊同「凡作史者，美惡必宜別卷，所以

〔註1〕吳縝，《新唐書糾謬・序》，收入於《四庫叢刊三編・史部》123（台北：商務印書館，1976），頁4～5。
〔註2〕《十七史商榷・自序》，頁1～2。
〔註3〕《廿二史考異・自序》，頁1。

類族辨物，史薰猶異器，閱者一覽可知」。〔註4〕「史家之例，原無一定，要足以載事實，明勸戒足矣」。〔註5〕錢大昕亦強調「夫良史之職，主于善惡必書，但使紀事悉從其實，則萬世以下，是非自不能掩」。〔註6〕可以說記載從實，反對空言是清代史家的共識。亦同羅炳良先生所說：「把他們反對褒貶，與評論歷史畫上等號，顯然是值得商榷的」。〔註7〕清人對以史實為依據的史論，不僅不反對，還身體力行，為後人點破許多迷信古說的言論。而他們評論《三國志》時，也作出不少澄清史事，重新評價這部史書的工作。

第一節　清人論史的原則

就歷史研究而言，歷史評價是人對歷史所作的評判，有其主觀因素存在，評價者往往受到外在環境，與本身的文化素養、思想等內在因素的影響，因此不會是絕對客觀。正因為如此，要有令人信服、較為客觀的歷史評價，而不陷於主觀臆測、憑空想像，就端看評論者的態度與其評論原則。清人在這一點就有不少勝過前人，值得我們注意的原則與方法，下文將略作介紹。

一、以史實為基礎的立論

評論歷史是歷史研究中的重要環節，但所謂的歷史評論，並不是主觀的無的放矢，而是建立在客觀歷史事實的主觀評價。所以清代學者在評論之前，特別重視歷史考證與歷史記載的真實性，形成了以實為據的治史學風。王鳴盛認為研究歷史的第一要事在於，考證與校勘，而這過程中必須「搜羅偏霸雜史、稗官野乘、山經地志、譜牒簿錄，以及諸子百家、小說筆記、詩文別集⋯⋯盡取以供佐證，參伍錯綜，比物連類，以互相檢照，所謂考其典制事蹟之實也」。〔註8〕也就是搜羅諸史，清楚了解歷史事實後，才能較為客觀的評論歷史。錢大昕亦云：「通儒之學，必自實事求是始」。〔註9〕梁啟超總結清人治學注重佐證的情形，稱：

> 正統派之學風，其學風可指者略如下：一、凡立一義必憑證據，無證據而以臆度者，在所必擯。二、選擇證據，以古為尚。三、孤證不為定

〔註4〕《十七史商榷》卷八十四〈美惡宜別卷〉，頁580。
〔註5〕《十七史商榷》卷五十一〈姦臣叛臣逆臣〉，頁317。
〔註6〕《潛研堂文集》卷十八〈續通志列傳總序〉，頁285。
〔註7〕《十八世紀中國史學的理論成就》，頁235。
〔註8〕《十七史商榷‧自序》，頁2。
〔註9〕《潛研堂文集》卷二十五〈盧氏群書拾補序〉，頁403。

論。四、隱匿證據或曲解證據，皆認爲不德。五、最喜羅列事項之同類
者，爲比較之研究，而求得其公則。六、凡采舊說，必明引之，剿說認爲
大不德。七、所見不合，則相辯詰以本問題爲範圍，詞旨務實篤實溫厚。
九、喜專治一業，爲窄而深的研究。十、文體貴樸實簡詰。〔註10〕

這種以史實、證據爲基礎的學風，在清人的《三國志》研究中可普遍見到，如錢大
昭論〈武帝紀〉中的「遣信求割河以西求和」，他認爲「信謂使者也」。並引「《史
記・韓世家》陳軫說楚王發，信臣多其車重其幣。司馬相如〈諭巴蜀檄〉，故遣信
使曉諭百姓」爲證，說明信字爲使者之意。〔註11〕又如漢末設置漸多的校尉一職，
錢大昕有精闢的敘說。他首先敘述漢代原有的校尉職稱，有司隸校尉、城門校尉、
京城七校、部校尉、護羌、護烏桓以及戊己校尉，靈帝時又有西園八校尉之名。
「自後校尉漸多」，羅列《三國志》中帶有校尉職的人物，「大率皆武職也」，以史
實證明校尉職由簡入繁的過程。指出三國校尉不同以往的校尉職，「蜀先主置司鹽
校尉，較鹽鐵之利，亦名鹽府校尉，實非典軍之職」。〔註12〕說明三國時期校尉官
的濫授，以及部分校尉職已不同以往「皆武職」，這種貫通上下，分析比較的功
夫，得到的見解可謂深刻而有據。清代史家以證據爲基礎，以求得眞正史實爲理
想，這種精神與現今治史方法相較已有不惶多讓之姿。

二、知古以論事

　　清代史家的歷史評論不僅建立在結合史實的基礎上，也反對後人不知時代背景
而一味指責，甚至以後律前地論史。明末清初的王夫之就曾提出「因其時，度其
勢，察其心，窮其效」。〔註13〕要求將評價的事與人，放在當時的歷史環境中認
識。後來的清代學者更進一步發展這個觀念，《四庫提要凡例》曰：「論史主於示褒
貶，然不得其事跡之本末，則褒貶何據而定」。〔註14〕只有知道整個歷史事件的來
龍去脈，才能做出較客觀的褒貶與評價。張濤云：「古之所由知義理，必從考據
入，未有考據舛而可言義理者」。〔註15〕也指出論史當知史實始末，方可立評議。
清人將評價史事與人物義理放在學術的最高位，考據雖是主要治學方式，卻是爲評

〔註10〕梁啓超，《清代學術概論》，收入於《中國學術經典・梁啓超卷》，（河北：河北教育
　　　　出版社，1996），頁163～164。
〔註11〕《三國志辨疑》卷一，頁12。
〔註12〕《廿二史考異》卷十七〈孫破虜討逆傳〉，頁388。
〔註13〕王夫之，《讀通鑑論》卷末〈敘論二〉（台北：河洛圖書出版社，1976），頁1110。
〔註14〕《四庫全書總目》凡例，頁40。
〔註15〕張濤，《西莊居士始存稿・序》，頁1。

價歷史所作的前驅工作。他們不像宋明學者玄談空論，用主觀態度求取義理，「知古以論事」是一致的觀點與理想。

王鳴盛評價歷史基於「考其制，又須得其情勢曲折，方有當於論世之學」，認為評論歷史應當知古，了解來龍去脈，才能有允當評價，避免產生弊病。〔註16〕是故論辨典制時，注重與歷史背景的結合，從政治與社會的變革中發現典章制度的變化。如考證三國州郡中正的來源，他認為：

> 大約漢末名士互相品題，遂成風氣。於時朝廷用人，率多采之。魏武已恨之，……操以邪見欲破格用人，心術不正可知。然清議不爲衰止。……其後文帝即王位之初，而陳群始創九品官人之法，州郡中正之設當始於此時。……漢光武、明、章尊儒重道，風俗之美，留遺如此之久！夫鄉評有權，雖不無流弊，然三代以下士惟恐不好名耳，恐挂清議而勉思自好者多，究亦維風俗之一法。〔註17〕

雖然此論對曹操的批評有失公允，但從社會風氣觀察典章制度的發展，則有可取之處。此外，就九品中正制的發展，得出「中正所重門第，自魏晉至六朝皆然。然以夏侯元（玄）言參之，其始本論品行，後乃專重門第耳……要是流弊如此，非其初制本然」。〔註18〕王鳴盛不以後世九品中正制爲世族仕宦的工具來看，而是從它的初始立意著手，認爲中正制以世族爲優先，「非其初制本然」。這種不以後律前，而以實事求是爲主的論史，自能有豐厚成果。

趙翼探討《三國志》多迴護的問題，也從知古論事的角度出發。他分析《三國志》迴護之因，從陳壽作史背景著手，指出「抑壽所據各國之原史，本已諱而不書，遂仍其舊而不復訂正耶」。〔註19〕又曰：「所值之時不同」。〔註20〕不一味的指責《三國志》迴護，而是以愛惜古人之心作出評價。善於歸納比較史實的他，對於禪代有相當深刻的看法，以爲：

> 古來只有禪讓、征誅二局，其權臣奪國，則名篡弒。常相戒而不敢犯。王莽不得已，託於周公輔成王，以攝政踐阼。然周公未嘗有天下也。至曹魏則既欲移漢之天下，又不肯居篡弒之名，於是假禪讓爲攘奪。自此例一開，而晉、宋、齊、梁、北齊、後周以及陳、隋皆倣

〔註16〕《十七史商榷》卷七十八〈四十七使〉，頁529。
〔註17〕《十七史商榷》卷四十〈州郡中正〉，頁251～252。
〔註18〕《十七史商榷》卷四十〈州郡中正〉，頁252。
〔註19〕《廿二史箚記》卷六〈三國志多迴護〉，頁75。
〔註20〕《廿二史箚記》卷六〈後漢書三國志書法不同處〉，頁71。

之……。至曹魏創此一局，而奉爲成式者且十數代，歷七八百年，眞所
謂奸人之雄，能建非常之原者。〔註21〕

趙翼不只考察曹魏禪代制度的源頭，還將這個歷史現象背後的意義說的一清二楚，
指出禪代者爲維護自身名譽而權變此法。他又貫通上下朝代，概括大量史料，比較
各朝禪代的不同，認爲「當曹魏假稱禪讓以移國統，猶仿唐虞盛事以文其奸。及此
例一開，後人即以此例爲例，而并忘此例之所由仿。但謂此乃權臣易代之法，亦變
本而加厲焉」。〔註22〕這種分析概括，探究歷史變易的論述，具有深厚的歷史觀察
力。從這裡可以看出，清代學者論史必先知古的原則，這樣的方式對於研究歷史有
極大的推進作用。

三、不迷信前人說法

　　清人研究史學多不迷信、不盲從前人之說，卻又非鑿空立說，而是客觀地考證
史實後，作出適切評論，因此他們的評論多能在證據充分下，突破前人舊說。錢大
昕稱：「近代言經術者，守一先生言，無所可否，其失也俗。穿鑿附會，自出新意
而不衷于古，其失也妄。唯好學不妄，唯深思則不俗，去妄與俗，可以言道」。〔註
23〕此雖言經學之失，卻也代表著他不輕信舊說的治學態度。又謂：「言有出於古人
而未可信者，非古人之不足信也，古人之前尚有古人，前之古人無此言，而後之古
人言之，我從其前者而已矣」。〔註24〕這種追本溯源的精神，相信距離歷史事件較
近者的說法，對歷史研究而言實有重要意義。極端遵守漢儒家法的王鳴盛，治史則
不拘一家之言，他稱：「史則雖子長、孟堅，苟有所失，無妨針而砭之」。〔註25〕
表現出不迷信權威者言論，而以實事求是爲主的求實觀念。洪亮吉對於歷史研究也
提出「以後人證前人之失，人或不信之，以前人證前人之失，則庶可厘然复矣」。
〔註26〕認爲評價歷史當以近古者說法爲是。

　　由於清代學者的歷史評價建立在實事求是、追本溯源的前提，是故評論往往能
糾舉積非成是的誤說。如〈武帝紀〉載「公至赤壁，與備戰，不利……乃引軍
還」。由此觀之，似乎赤壁之戰全爲劉備之功，牛運震云：「赤壁之戰乃周瑜、程普

〔註21〕《廿二史箚記》卷七〈禪代〉，頁87。
〔註22〕《廿二史箚記》卷七〈禪代〉，頁88。
〔註23〕《潛研堂文集》卷二十三〈贈邵冶南序〉，頁361。
〔註24〕《潛研堂文集》卷十六〈秦四十郡辨〉，頁245。
〔註25〕《十七史商榷‧自序》，頁1。
〔註26〕洪亮吉，《更生齋文續集》卷一〈春秋左傳詁序〉，收入於《洪北江先生遺集》（四）
　　　　（台北：華文書局，1969），頁2212。

與備合力破曹公軍，亦非備獨與曹公戰也」。〔註27〕指出赤壁之戰是因劉備、孫權聯軍才得以成功，非劉備一方之功。又世傳〈後出師表〉為諸葛亮所作，錢大昭指出此表有眾多疑點，「劉繇為豫章太守在興平中，王朗為會稽太守在建安初，又云使孫策坐大，遂并江東。孫討逆卒于建安五年，據《魏春秋》此疏上于孫權破曹休之時，蓋建興五年也。蜀建興五年即魏太和元年。相隔二、三十年，不必贅及。且云任用李服而李服圖之，《魏志》亦無此人。竊疑是表後人偽撰，習鑿齒未之深考而載之耳。承祚不采此文，極有卓見」。〔註28〕大昭此疑正顯示出不輕信前人說法的治學態度。

　　清代學者十分重視地理沿革，王鳴盛認為「三國但有紀傳無志，餘姑勿論，惟是建置沿革，不可無考」。〔註29〕錢大昕亦言：「史家所當討論者有三端：曰輿地、曰官制、曰氏族」。〔註30〕他們對三國地理多有考辨，尤其是錢大昕對三國地理沿革的糾誤尤多。如〈樂進傳〉稱樂進為陽平衛國人，大昕詳述衛國的歷史變革，云：

> 衛國，漢屬東郡，建安十七年，割衛國益魏郡，尋分魏郡為東、西部，衛當在東部管內。黃初二年，以魏之東部為陽平郡，故衛國屬陽平也。晉志衛屬頓邱。頓邱即故東郡所分。魏、晉之際，郡縣改隸無常如此。〔註31〕

魏晉之際，郡縣屢有變革，大昕卻能述其沿革概況，娓娓道來如數家珍，可見對三國地理之閑熟。又如〈虞翻傳〉載虞聳為河間太守、虞昺為濟陰太守，大昕以為「河間、濟陰二郡，不在吳封內，蓋入晉以後所授官也，於史例不當書」。〔註32〕陳壽修史未能整齊劃一地改為當時地名，因此出現以後律前，於史例有礙的情況，錢大昕一一指出缺失，不輕信古人，其治史之嚴謹由此可見。

　　這股不迷信前人說法的風氣，在高宗乾隆御撰的《通鑑輯覽》中也可以看到。《通鑑輯覽》認為七擒七縱之事為「記載所艷稱，無識已甚」，諸葛亮南征的用意固然是使蠻夷心服，然而屢擒屢縱「直同兒戲」，「一再為甚，又可七乎」？「且彼時亮之所急者欲定南而伐北，豈宜屢縱屢擒，耽延時間之理」。〔註33〕直

〔註27〕牛運震，《讀史糾謬》，（山東：齊魯書社，1989），頁162。

〔註28〕《三國志辨疑》卷二，頁3～4。

〔註29〕《十七史商榷》卷四十二〈三國疆域〉，頁271。

〔註30〕《潛研堂文集》卷二十四〈二十四史同姓名錄〉，頁388。

〔註31〕《廿二史考異》卷十五〈樂進傳〉，頁366。

〔註32〕《廿二史考異》卷十七〈虞翻傳〉，頁398。

〔註33〕高宗乾隆，《御批通鑑輯覽》卷二十八〈蜀漢帝禪〉（台北：新興書局，1959），頁

接點出家諭戶曉的七擒七縱可疑之處，且從軍事角度觀察，立論有理，駁斥了七擒七縱的虛說。

　　綜上所述，清代學者並不是停留在繁瑣的考據上，他們進行考據工作的同時，也進一步提出自己的評論。這種由史而論，打破不符史實的俗說，正是其論極具價值之處。同時他們將單純的史學考據與史學評論相結合，這種治學方式遠優於過去的義理評論，從而得到不少有價值的結論。

第二節　清人對《三國志》的評論

　　清人的歷史評論在以實為據的前提下，有極大突破。他們除以批判精神，評價前人說法是否得實外，還以「知世論人」的觀點，對歷史事件予以說明，尋求解釋。下文就針對清人對《三國志》的評論略加闡述，以見其概要。

一、客觀評價《三國志》史筆

　　中國歷代都有據實直書的傳統，要求作史者秉筆公正、直書不諱。然而要達到這種境界，與史家本身的史學素養以及品德是分不開的，所以人們批評史書時不僅從史書著手，也對史家個人的德性加以評論。只有史家不畏權勢，才可能達到直書的效果。如「仗氣直書，不避強御」、「肆情奮筆，無所阿容」。〔註 34〕都說明了古代史家對品德的看重。清人評論史書之優劣，也繼承了前人傳統，多主張「史家不以虛美，不隱惡為良，美惡不掩，各從其實」。〔註 35〕「作史貴據事直書，詳明整贍」。〔註 36〕即以史書能否據實為高下優劣之分。他們一針見血地評述史書優缺，不但能肯定其價值，又能指出不足與缺陷。這一點與劉知幾直斥陳壽為「記言之奸賊，載筆之兇人，雖肆諸市朝，投畀豺虎可也」相較，有極大進步。〔註 37〕

　　歷代對《三國志》是否直書的論爭，主要集中於：一是陳壽史德，二是《三國志》內容隱惡與否。《晉書》載：

　　　　或云丁儀、丁廙有盛名於魏，壽謂其子曰：『可覓千斛米見與，當為尊公作佳傳』。丁不與之，竟不為立傳。壽父為馬謖參軍，謖為諸葛亮所誅，壽父亦坐被髡，諸葛瞻又輕壽，壽為亮立傳，謂亮將略非長，無應

784。

〔註 34〕《史通通釋・直書》，頁 193～194。
〔註 35〕《潛研堂文集》卷二十四〈史記志疑〉，頁 380。
〔註 36〕《十七史商榷》卷四十〈許洛鄴三都〉，頁 248。
〔註 37〕《史通通釋・曲筆》，頁 196。

敵之才：言瞻惟工書，名過其實。議者以此少之。〔註38〕

然《晉書》提到陳壽有曲筆之嫌時，卻又載「丘明既沒，馬班迭興，奮鴻筆於西京，聘直詞於東觀，自斯已降，分明競爽。可以繼明先典者，陳壽得之乎！江漢英靈，信有之矣」。〔註39〕不全然否定陳壽尚有直筆之處。這種以私背公的說法，直接影響後人對《三國志》的評價，以其書為曲筆。劉知幾深信此說，在《史通》諸篇引《晉書》，或提出《三國志》隱惡之處來說明陳壽曲筆。〔註40〕儘管少數人談及陳壽直書處，但自宋以後帝蜀觀的盛行，認為《三國志》曲筆的看法，已從甚囂日上變成牢不可破之勢。宋陳振孫就稱陳壽「乞米作佳傳，以私憾毀諸葛亮父子，難乎免物議矣」。〔註41〕明朱明鎬於〈諸葛瞻傳〉說：「壽之曲筆以嘗為瞻吏，為瞻所辱，故借事歸惡，蜀中長老之語良不誣也」。〔註42〕說明了宋明時人對陳壽史筆的不滿。

關於陳壽史德與直書與否這兩點，清代學者則跳脫前人，多能以實而論，做出客觀評論。在陳壽史德方面，朱彝尊稱：「陳壽，良史也。世誤信《晉書》之文，謂索米丁氏之子，不獲，竟不與立傳。又輕信諸葛亮將略非長，無應敵之才，以此訕壽」。他認為此為厚誣之辭，並以《三國志》的記載說明陳壽不曾尊曹抑劉、挾恨抑亮以及索米於丁氏，首開清人為陳壽雪冤之風。〔註43〕稍後的杭世駿也提出令人信服的證據，指出陳壽「在〈劉廙傳〉則曰『與丁儀共論刑禮』，在〈王粲傳〉則曰『沛國丁儀、丁廙、弘農楊修、河內荀緯等亦有文才』。借令壽不求米為二丁傳，若止此矣。顧安得佳修晉史者不引此，為傳信者而歸之于『或曰』、『或』也者，疑而未定之辭也」。〔註44〕從史書所載反駁陳壽未立丁儀、丁廙傳的說法，其說可信。〔註45〕

乾嘉三大家對陳壽史德有更深入的探討。王鳴盛在《十七史商榷·三國志》中首條以陳壽史皆實錄為目，為陳壽辨護。他駁斥《三國志》立場不公的說法，引朱

〔註38〕《晉書·陳壽傳》，頁 2137～2138。
〔註39〕《晉書》，頁 2159。
〔註40〕《史通通釋·曲筆》，頁 196～197。
〔註41〕陳振孫，《直齋書錄解題》卷四，（日本京都：中文出版社，1984），頁 482。
〔註42〕朱明鎬，《史糾》卷一〈諸葛瞻傳〉，收入《景印文淵閣四庫全書》688（台北：商務印書館，1983），頁 457。
〔註43〕朱彝尊，《曝書亭集》卷五十九〈陳壽論〉（台北：世界書局，1964），頁 696。
〔註44〕《道古堂文集》卷二十二〈論丁儀、丁廙〉，頁 424。
〔註45〕陶懋炳先生在〈陳壽曲筆說辨誤〉中引《三國志·陳思王傳》「文帝即王位，誅丁儀、丁廙並其男口」，說明晉時本無二丁之子，又何來陳壽索米之說呢？轉引自李純蛟，《三國志研究》，（四川：巴蜀書社，2002），頁 201。

彝尊、杭世駿之說，力辯向丁儀之子索米不成實為虛事，丁氏兄弟本不當立傳。又從陳壽撰《諸葛亮集》表上，「創史家未有之例，尊亮極矣」；「評中反覆盛稱其刑賞之當，則必不以父坐罪為嫌」，證明陳壽未曾挾怨洩忿，還說明諸葛亮「將略非長」並非不實說辭。謂：「亮六出祁山，終無一勝，則可見為節制之師，于進取稍鈍，自是實錄」。最後總結《晉書》對陳壽評價的由來，乃作史者「好采稗野，隨手綴拾，聊助談資耳」的產物。使這筆至宋代「謂壽姦言非公，與誤國不忠之譙周並貶」的千載冤案得以真相大白。〔註46〕

趙翼亦由《三國志》內的記載來考論陳壽詆訕諸葛亮的說法，云：

> 壽父為馬謖參軍，謖為諸葛亮所誅，壽父亦被髡，故壽為《亮傳》，謂將略非所長。此真無識之論也。亮之不可及處，原不必以用兵為長。觀壽校定《諸葛集》，表言亮『科教嚴明，賞罰必信，無惡不懲，無善不顯，至于吏不容奸，人懷自勵。至今梁、益之民，雖甘棠之詠召公，鄭人之歌子產，無以過也』。又《亮傳》後評曰：『亮之為治也，開誠心、布公道，善無微而不賞，惡無纖而不貶。終于邦域之內，咸畏而愛之。刑政雖峻而無怨者，以其用心平而勸戒明也』。其頌孔明可謂獨見其大矣。……至于用兵不能克捷，亦明言所與對敵，或值人傑，加以眾寡不侔，攻守異體，又時無名將，故使功業陵遲……故知其折服于諸葛深矣。而謂其以父被髡之故以此寓貶，真不識輕重者。〔註47〕

這樣的分析極有道理，除糾正陳壽史德有缺，詆毀諸葛亮的看法外，也肯定了陳壽秉筆之正。

清代學者以史實證明陳壽史德外，也針對陳壽史筆的優缺作出客觀評價。大體來說，他們以「文直事核，所以稱良史也」〔註48〕為標準，對《三國志》不以惡掩其善，亦不以善掩其惡，試圖作出至公之論。趙翼論《三國志》有其獨到之處，他於《廿二史箚記》中首先指出陳壽作史多迴護，「不惟于本紀多所諱，并列傳中亦多所諱矣」〔註49〕，同時指出「壽作史時，不惑于異說」、「其剪裁斟酌處，亦自有下筆不苟者，參訂他書，而後知其矜慎也」。〔註50〕他比較《三國志》、《後漢書》的不同書法後，具體分析原因，提出「陳壽修書于晉，不能無所

〔註46〕《十七史商榷》卷三十九〈陳壽史皆實錄〉，頁245～246。
〔註47〕《廿二史箚記》卷六〈陳壽論諸葛亮〉，頁80～81。
〔註48〕《廿二史箚記》卷二十一〈歐史不專據薛史舊本〉，頁285。
〔註49〕《廿二史箚記》卷六〈三國志多迴護〉，頁76。
〔註50〕《廿二史箚記》卷六〈三國志書事得實處〉，頁76。

諱，蔚宗修書于宋，以隔兩朝，可以據事直書，固其所值之世不同」。〔註51〕這種將史家與歷史背景相結合的論辯，自然較爲公允。

除客觀評價《三國志》的優點外，清代學者針對陳壽史筆失實處仍不忘針貶。何焯對陳壽隱筆多有揭發，認爲陳壽有未能直書處，如《魏志》隱吳勝魏敗的東關之役、〈郭淮傳〉未載戰敗於魏延事。〔註52〕趙翼更指出《三國志》內隱諱之事，他以陳壽隱敗的戰事爲例：

> 魏明帝太和二年，蜀諸葛亮攻天水、南安、安定三郡。魏遣曹眞、張郃大破之于街亭，《魏紀》固已大書特書矣。是年冬，亮又圍陳倉，斬魏將王雙則不書。三年，亮遣陳式攻克武都、陰平二郡亦不書。……此可見其書法專以諱敗誇勝爲得體也。〔註53〕

明白點出了陳壽書法的迴護之處。錢大昕也認爲《三國志》有其不當，陳壽書「何夔、裴潛、鄭渾、杜畿、陳矯、衛覬、賈逵、王昶諸傳，頗多溢美之詞，蓋由諸人子孫在晉顯達，故增其美」。而「李豐、張緝輩忠於曹氏，乃不得立傳。曹爽、何晏、鄧颺之惡，亦黨於司馬者飾成之」。他對這種未能爲「輩忠於曹氏」之人立傳，卻飾成「黨於司馬者」，頗感不平，以爲陳壽《三國志》「初非實錄，其亦異於良史之筆」。〔註54〕王鳴盛則觀察到《三國志》簡略的重大缺失，他比較《三國志》、《後漢書》的劉琦後事，指出「陳壽總求簡嚴，然如劉表二子琦、琮，若于琦竟一字不提……，不特事蹟不全，行文亦無結束，不如范蔚宗於傳尾兼及琦云：『操後拜于赤壁，劉備表琦爲荊州刺史，明年卒』。較爲完善」。〔註55〕以記同事史書相較，視野特大，必不限一處之見，《三國志》之失一目瞭然。

大體來看，清代史家多能公允地由事實出發，觀察陳壽史筆的優缺，而非一味地貶抑其史。他們不只提出有力事證，糾舉前人對陳壽史德有缺的誤解，還針對《三國志》內容，客觀評價陳壽史筆優缺，奠定了《三國志》研究的學術基礎。

二、論陳壽史識

紀傳體斷代史肇自《漢書》，國別史則以《國語》爲始，而《三國志》是兼有國別史、斷代史特色的紀傳體，即分述曹魏史、蜀漢史、孫吳史，表明晉繼魏來的源由，也說明這段歷史曾存在魏、蜀、吳互不相統而分立的三個國家。史家劉知幾

〔註51〕《廿二史箚記》卷六〈後漢書三國志書法不同處〉，頁73。
〔註52〕《義門讀書記‧三國志》，頁218。
〔註53〕《廿二史箚記》卷六〈三國志多迴護〉，頁75。
〔註54〕《廿二史考異》卷十五〈王昶傳〉，頁372。
〔註55〕《十七史商榷》卷四十〈劉表傳少長子琦後事〉，頁251。

雖認爲陳壽這樣的記載「未達紀傳之情」，但也說明「孫、劉二帝，其實紀也，而呼之曰傳」。〔註 56〕陳壽打破史例，尊重三國分立的歷史事實，可說是非具史識者不能爲之。然而這番極具心思的史法，卻被宋明史家「天無二日，土無二王」的帝蜀思想所限，群口一詞的指責《三國志》以曹魏爲本紀，貶蜀漢爲傳的做法，提出改修《三國志》的要求。現今看到的改修之作，序言都是對《三國志》帝魏的攻擊，內容亦爲升蜀漢二主爲本紀，抑曹魏諸帝爲列傳或世家。在這樣的環境下，眾人無法客觀地評價《三國志》，更遑論觀察陳壽於此的史意了。

到了清代，學者沿襲前代修改三國之風的人雖然不少，如章陶、湯成烈、王復禮等，卻也有不少學者從學術觀點切入，觀察《三國志》是否帝魏與其原因。朱彝尊首開爲陳壽翻案的風氣，他認爲「于時作史者，王沈則有《魏尚書》，孫盛則有《魏春秋》，郭頒則有《魏晉世語》，之數子者，第知有魏而已，壽獨齊魏于吳、蜀，正其名曰三國，以明魏不得爲正統。……先主至漢中即帝位，大書特書，明著昭烈之紹漢統，予蜀以天子之制，是以見良史用心之苦矣」。〔註 57〕儘管陳壽是否有無帝蜀之意，仍值商榷，但彝尊揭露陳壽在這種「作史者之數子者第知有魏而已」的情形下，「獨齊魏于吳、蜀，正其名曰三國」，實可說明他對陳壽史識的肯定。何焯則進一步發揮劉知幾的說法，指出「蜀、吳之主雖均曰傳，然皆編年紀事，於史家之例，實亦紀也」。〔註 58〕對陳壽記蜀、吳二君的事蹟與《魏紀》無異的做法，大加讚賞。《三國志》本來的設計，是三書分別，有紀與傳，爲各成系統的國別史，反映當時的需求與情況，所以錢大昕盛讚此書「創前人未有之例，懸諸日月而不刊者也」。〔註 59〕史學評論家章學誠也指出「紀傳之最古者，如馬、班、陳氏各有心裁家學，分篇命意，不可以常例拘牽」。〔註 60〕認爲陳壽不僅繼承先秦史家的史法，還運用史識，不拘一格地表達撰述宗旨。這都代表著清人對陳壽創新史體的最高讚揚。

清人除了讚賞陳壽因時而作的創新體例，他們也針對陳氏尊重史實，分立三國爲書，卻被前人批評以魏爲正、尊魏抑蜀的觀點，做出客觀評價。清以前有不少學者對陳壽有極大成見，周必大就說：「陳壽身爲蜀人，徒以仕屢見黜，父又爲諸葛所髡，于劉氏君臣不能無私憾，著《三國志》以魏爲帝，而指漢爲蜀，與孫氏俱謂

〔註 56〕《史通通釋·列傳》，頁 47。
〔註 57〕《曝書亭集》卷五十九〈陳壽論〉，頁 696。
〔註 58〕《義門讀書記·三國志》，頁 222。
〔註 59〕《三國志辨疑·序》，頁 1。
〔註 60〕《章氏遺書》卷七《文史通義》外篇〈史學別錄例議〉，頁 146。

之主。設心以偏，故凡當時拾祭高帝以下昭穆制度皆略而不書，方見乞米于人欲作佳傳，私意如此，史筆可知矣」。〔註61〕他們引用《晉書》說法為證，說明陳壽之史非實錄，並未深入了解《三國志》的內容是否真為如此，使原本據實而作的卓越史識被曲解誤會。清代學者錢大昕對於傳統「陳壽以其父獲罪于蜀，故史以魏為正」、「黨魏媚晉」的抑蜀看法，有所批判、反省，他認為「陳承祚，蜀人也，其書雖帝魏而未嘗不尊蜀？于蜀二君書先主、後主而不名，于吳諸君則曰權、曰亮、曰休、曰皓，皆斥其名；蜀之甘皇后、穆皇后、敬哀皇后、張皇后，皆稱后，而吳之后妃但稱夫人，其書法區別如此」。〔註62〕又曰：「於〈楊戲傳〉載季漢輔臣贊，娓娓數百言，所以尊蜀殊于魏吳也。存乎季漢之名者，明乎蜀之實漢也」。〔註63〕大昕此言不但駁斥陳壽抑蜀之說，更從史例與內容說明陳壽史法的隱義，這樣以實出發的見解確實高明。與錢大昕相同，王鳴盛從《三國志》的記載著手，亦認為陳壽並無抑蜀之意，還稱此書「舊君故國之思最為真切，具見篇中，可一一尋繹而得知」。〔註64〕洗刷陳壽長久以來蒙受的冤屈。

在三國各尋正統，為自己說話的時代，陳壽以其卓越史識跳脫封建時期的正統觀念，實事求是地看待三國並立的史實，又能尊重晉紹魏而來，一統天下的現象，可說是難能可貴。但因為尊重史實，被後人不斷地抨擊其帝魏，無故國之情，背上無數罪名。趙翼說出了陳壽的苦衷，「欲以見正統之在魏也。正統在魏，則晉承魏為正統，自不待言。此陳壽仕于晉，不得不尊魏也。然《吳志》孫權稱帝後猶書其名，《蜀志》則不書名而稱先主、後主。陳壽曾仕蜀，故不忍書故主之名，已別于《吳書》之書權、亮、休、皓也。此又陳壽不忘故國之微意也」。〔註65〕趙翼一方面從當時的時空背景為陳壽的尊魏尋找解釋，一方面又以史書稱蜀漢諸君為主而不名，認為陳壽「不忘故國」，批判了陳壽不尊蜀的觀點。

清人談論陳壽史識的不凡處，也在他綜覽全局，詮配史事的眼光。劉知幾稱：

> 蓋唯二袁、劉、呂而已。若進鴆行弒，總關王室，不涉霸圖，而陳壽《國志》引居首傳。……兼復臧洪、陶謙、劉虞、孫瓚生於季末，自相吞噬……，漢典所具，魏冊仍編，豈非流宕忘歸，迷而不悟。〔註66〕

其實劉說是未明斷代史必敘所因，將事情源頭說清楚的做法，因此《三國志》的記

〔註61〕周必大，《續後漢書·序》，頁 5893。

〔註62〕《潛研堂文集》卷二十八〈跋三國志〉，頁 462。

〔註63〕《三國志辨疑·序》，頁 1。

〔註64〕《十七史商榷》卷三十九〈陳壽史皆實錄〉，頁 245。

〔註65〕《廿二史箚記》卷六〈三國志書法〉，頁 696。

〔註66〕《史通通釋·斷限》，頁 96。

載時間由漢末天下大亂寫起，並不侷限於魏建國到吳滅亡的六十年間，陳氏非「流宕忘歸，迷而不悟」之人。誠如杜維運先生所言，陳壽由黃巾之亂寫起：

> 這正是陳壽有卓見處。歷史的發展，不能突然而起，截然而止。淵源得追溯，甚為需要。不寫黃巾之亂、董卓之亂與群雄之爭，則三國鼎立局面的形成，有茫然之感，所以陳壽要從漢靈帝中平元年黃巾賊初起時寫起了。〔註67〕

而清人對陳壽史識的觀察正如杜先生之言，指出《三國志》人物的編排與史事的詮配，都有深刻意涵。何焯認為《蜀志》首列劉二牧傳，並非「夷昭烈于割據也」，而是「王者之興，先有驅除」。〔註68〕陳壽於此是否有喻劉備得蜀之正的想法值得商榷，不過讓讀史者明白知道事件首末，卻是陳壽史識的顯現。杭世駿亦認為《三國志》內有董卓、袁紹、袁術、劉表諸人傳記，是由於「卓死操未秉政，三國未分，或曰《魏志》之首卓，明禍首也。倘亦西漢世家項籍之意乎」。〔註69〕較為客觀地評說《三國志》斷限之因。趙翼更明白的說出：「當陳壽撰《三國志》時，以諸人皆與曹操並立，且事多與操相涉，故必立傳於《魏志》，而敘事始明。劉焉乃劉璋之父，其地乃昭烈所因也，欲紀昭烈，必先傳璋，欲傳璋，必先傳焉，故亦立其傳於《蜀志》之首」。〔註70〕潘眉也說到：「《魏書》為董卓立傳兼及李傕、郭汜者，敘亡漢之原委；為二袁、劉表、呂布、張邈、公孫瓚、陶謙、張楊、公孫度、張燕、張繡、張魯立傳者，敘同時割據，魏武兼併之始末」。〔註71〕他們都認為陳壽首列董卓諸人是極具史識的表現，為陳壽這種敘事時間的編排作出平反。

　　清人不只盛讚陳壽《三國志》時間斷限得當，他們對於陳壽詮配史事於列傳中也有不錯的評價。一般而言，父子往往會並立於同傳中，然而董和、董允父子卻是分別立傳。何焯觀察到這一現象，以為「允事關蜀存亡，故與和傳別出」。〔註72〕尚鎔說的更明白：「允不與父同傳者，以其係漢之存亡……史例隨時而變，初無定體」。〔註73〕正面肯定了陳壽「不拘一體」的史識。

　　綜上所述，清代學者不僅較客觀地觀察陳壽，也對《三國志》內實事求是地看待三國並立給予正面評價，批評過去抑蜀、斷限不明的不全面看法，進而發揚陳壽

〔註67〕杜維運，《中國史學史》二（台北，三民出版，1998），頁95。
〔註68〕《義門讀書記·三國志》，頁221。
〔註69〕劉咸炘，《四史知意》引杭世駿語（台北：鼎文書局，1976），頁827。
〔註70〕《廿二史劄記》卷七〈一人二史各傳〉，頁92。
〔註71〕《三國志考證》卷三，頁449。
〔註72〕《義門讀書記·三國志》，頁224。
〔註73〕《四史知意》引尚鎔語，頁869。

史識。

三、論《三國志》史文

　　自晉張輔以史文繁簡論《史記》、《漢書》的高下優劣後，不少史家便視史文繁簡為論定史書優劣的標準之一。劉勰云：「剪截浮詞謂之裁」。劉知幾稱：「國史之美者，以敘事為工。而敘事之工者，以簡要為主」。〔註74〕可以說學者多以「文約事豐」作為評價史書優劣的條件之一，清代史家亦不免於此。然而清人卻非單純地以繁簡論史，而是觀其是否得當，「必也詳其所當詳，簡其所當簡，乃可為良史矣」。〔註75〕以及是否符於史例，「詳而不雜，簡而不漏」才是史文繁簡的基本觀點。

　　何焯對史文應繁應簡，提出「削略冗長，使就簡，當讀之易起人意乎」？〔註76〕史文繁簡當使人易懂、易知為主，因此他認為陳壽引用家傳記載，卻能「削去其迂蔓耳」，頗感贊同。〔註77〕他也指出陳壽採用附載它傳的記載方式，極有可取之處，人物既「無政可以垂範後來，附見其名為已足。近代紛煩立傳，亦何知體要」。〔註78〕同時，一再提出刪除《三國志》內重複字句處，如校事呂壹弄權一事，《吳志》中有多傳載之，「已見他傳，似不必復載」。「此事已見權傳，複出乃刊削不盡」。〔註79〕或當刪未刪處，如〈陸遜傳〉載魏江夏太守逯式云云，他認為「此自為將者所不廢，但作史者乃可不載。大底《吳志》煩長，未削者多，裴注論之尤乖錯」。〔註80〕可以說重複處當削之、史筆無意處當刪之，是何焯論《三國志》繁簡的依據。

　　與何焯相較，乾嘉史家除沿襲前人認為重複處當削外，更重視史例與記載是否得體。王鳴盛透過比較《三國志》、《後漢書》對董卓、袁紹的記載來認識《三國志》史文，他認為「陳之精簡，固勝於范，然范贍而不穢，銓敘井井，亦不厭其繁」。〔註81〕又比較《三國志》、《新唐書》對建都所在的記載後，以為：

　　　　作史貴據實，詳明整贍，凡帝王建都及臨幸地雖非都，而駐蹕所在
　　　皆當一一謹志，使觀者了然心目。予嘗恨《新唐書》本紀於武后、中宗

〔註74〕《史通通釋・敘事》，頁 168。
〔註75〕《十七史商榷》卷十〈壬辰辛丑〉，頁 103。
〔註76〕《義門讀書記・三國志》，頁 215。
〔註77〕《義門讀書記・三國志》，頁 219。
〔註78〕《義門讀書記・三國志》，頁 224。
〔註79〕《義門讀書記・三國志》，頁 234。
〔註80〕《義門讀書記・三國志》，頁 233。
〔註81〕《十七史商榷》卷四十〈董袁等傳〉，頁 250。

之在長安，在洛陽全不分明，陳壽意主簡嚴，尚令讀者稍蒙昧，較《新
唐書》則已遠勝之。〔註82〕

帝王臨幸之處，事屬全國大事，不僅不能簡略，有時還需繁敘，「宜條析而詳書
之，詞繁而不殺爲佳」。〔註83〕可見史文簡繁端看能否「使觀者了然心目」，以達
直書之意。《三國志》於此雖然簡要，卻精確表達帝王臨幸之地的不同，不愧「精
簡」之稱。

　　關於史文繁簡的問題，錢大昕有更具體的標準，他指出「事之無關法戒，人之
無足重輕者，削刪節之。又史以紀治忽之跡，非取詞章之工。……文雖工而無裨于
政治，亦可刪從」。〔註84〕這套以史書編纂當棄無用之文，多記關乎國家大事的標
準，錢大昕用來檢核《三國志》，以爲「陳承祚之于《魏略》，文省而事亦省，省其
所可省也」，稱讚此書「以簡質勝」。不但從著史的作用，載其興亡爲史文繁簡的重
要標準，他也由《三國志》體例爲出發點，觀察陳壽是否有當刪而未刪，當增而未
增處。如同劉知幾所言：「夫史之有例，猶國之有法。無法，則上下靡定；史無
例，則是非莫準」。〔註85〕史書體例既定，就必須嚴格遵守，不然將令人不知所
措。錢大昕就指出《三國志》不少體例不當之處。如同一人物，〈李譔傳〉書司馬
徽、宋忠，而〈尹默傳〉則書司馬德操、宋仲子。一稱其名，一稱其字，大昕認爲
「雖文可互見，要爲體例未一，且不免重出之病」。〔註86〕陳壽書以簡質著，但對
大昕來說，書中還有不少「事無關乎興亡，語不關於勸戒」的繁冗文字，可刪之
文，如華覈之草文、魏文帝〈策吳王九錫文〉、許靖〈與曹公書〉、吳主〈罪張溫
詔〉等。這些較爲冗長卻無益之文，他以爲「事無繫乎興亡，語不關於勸戒，準之
史例，似從可刪」。〔註87〕而「文帝子以黃初三年封王者凡六人……。本紀惟載
叡、霖二人，亦未免闕漏」。〔註88〕則是未載當載之事。這些《三國志》史文未合
體例的重複與闕漏，都是值得注意的。

　　不過，大昕並非一味地指出《三國志》的重複不當，他亦由《三國志》通行的
時代背景著手，認爲諸葛亮、諸葛誕、諸葛瑾三人「分仕三國，各爲立傳，傳首皆
著其郡縣。亮、誕兩傳又皆云諸葛豐之後。蓋三書可合可分，取其首尾完具，不嫌

〔註82〕《十七史商榷》卷四十〈許鄴洛三都〉，頁 248。
〔註83〕《十七史商榷》卷十五〈建置從略〉，頁 129。
〔註84〕《潛研堂文集》卷十八〈續通志列傳總敘〉，頁 284。
〔註85〕《史通通釋·序例》，頁 88。
〔註86〕《廿二史考異》卷十六〈李譔傳〉，頁 383。
〔註87〕《廿二史考異》卷十六〈卻正傳〉，頁 384。
〔註88〕《廿二史考異》卷十五〈文帝紀〉，頁 356。

重複也」。〔註89〕由於《三國志》本是魏、蜀、吳三書並行，某些重複地方，正反映了三書尚未合一的情形。大昕從此觀察，而不是直指重複，卻未見重複之因，可見其史學素養之高。

潘眉於陳壽史文亦看重是否合乎史例，如孫策卒時，「陳志於〈討逆傳〉書卒，於〈吳主傳〉及周瑜、程普等傳，又書薨，體例未能劃一，亦是一病」。〔註90〕史書一字之異，意義不同，若書卒則孫策是被當作一般將領看待，若書薨則孫策是以帝王之尊被看待，陳壽於此體例不一，自然有其問題。

《三國志》歷來備受稱譽的是，善敘事與文筆簡潔，而兩者兼具，實須善於剪裁，這一點趙翼有詳細論說。他稱：「袁宏《漢紀》，曹操薨，子丕襲位，有漢帝命嗣丞相魏王一詔，壽志無之。《獻帝傳》，禪代時有有李扶、劉廙、許芝等勸進表十一道，丕下令固辭，亦十餘道，壽志亦盡刪之，惟存九錫文一篇。故壽書比宋、齊、梁、陳諸書，較為簡淨」。〔註91〕又云：「董卓之亂，曹操尚未輔政，故《魏紀》內不能詳述，而其事又不可不記，則于卓傳內詳之，此敘事善位置也」。〔註92〕趙翼還指出陳壽善敘事與其考核精審，不惑於眾說有關。他以孫策之死為例，《搜神記》載：「策既殺于吉，每獨坐，彷彿見吉在左右……後治創方差，而引鏡自照，見吉在鏡中，顧而弗見，如是再三，因撲鏡大叫，創皆崩裂，須臾而死」。而陳壽卻載：「孫策出行，為許貢客所射中，創而死」。故趙翼稱：「《江表傳》、《志林》、《搜神記》，皆以為策殺道士于吉之報，壽作〈策傳〉獨以為妖妄，削而不書，亦見其有識」。〔註93〕對這樣的荒誕之事不予記載，其考證之精審，與不信異說都可見陳壽善於剪裁的見識了。

趙翼還特別重視史書的敘事，將其與史文繁簡結合，考察正史敘事是否得實，有無遺漏。他指出「蜀〈楊戲傳〉有〈季漢輔臣傳〉……其中有壽所未立傳者，則於各人下，注其歷官行事，以省人人立傳之繁」，「是其編纂亦多詳慎也」。〔註94〕以這種史書變例的做法，不只能「省人人立傳之繁」，又「由是蜀臣略無遺矣」，高度評價了陳壽文筆簡淨，卻能巨細靡遺的做法。

大體來看，清代學者雖盛讚《三國志》「簡要」，但仍從是否符合道德觀、遵從史例以及有否重複三方面來考核《三國志》史文繁簡，不但明白地將《三國志》的

〔註89〕《廿二史考異》卷十六〈諸葛亮傳〉，頁378。
〔註90〕《三國志考證》卷七，頁487。
〔註91〕《廿二史箚記》卷六〈三國志書事得實處〉，頁76。
〔註92〕《廿二史箚記》卷六〈三國志書事得實處〉，頁76。
〔註93〕《廿二史箚記》卷六〈三國志書事得實處〉，頁77。
〔註94〕《廿二史箚記》卷六〈三國志立傳繁簡不同處〉，頁78。

優點指出，也對其不當處有所批評，對《三國志》史文的研究而言，其功甚大。

四、評裴松之注的方式及其史料價值

裴松之注《三國志》曾「上搜舊文，傍摭遺逸」，引大批史書作注，爲《三國志》作出不少貢獻。然「事關漢、晉，首尾所涉，出入百載，注記分錯，每多舛互」，所採史料與正文多有不同，甚至是牴牾。故裴松之作注的方法，以及它的史料價值爲何，都是清代史家評論的焦點之一。《四庫全書總目提要》云：「（裴松之）初意似亦欲如應劭之注《漢書》，考究訓詁，引證故實」，並羅列數例爲證，後更論其「或詳或略，或有或無，亦頗爲例不純」。四庫館臣批評松之欲仿應劭注《漢書》，卻未以訓詁爲主，認爲「頗爲例不純」。〔註95〕錢大昭提出不同看法，認爲：

> 注史與注經不同，注經以明理爲宗，理寓于訓詁，訓詁明而理自見。注史以達事爲主，事不明，訓詁雖精無益也。嘗怪服虔、應劭之于《漢書》，裴駰、徐廣之于《史記》，其時去古未遠，稗官、載記、碑刻尚多，不能會而通之，考異質疑，而徒箋箋于訓詁，豈若世期之博引載籍，增廣異聞，是是非非使天下後世讀者，昭然共見乎！〔註96〕

大昭批評注《史記》、《漢書》各家以訓詁爲務不當，有值得商榷之處。〔註97〕但誠如所言，裴松之跳脫以往注經訓詁方法，以注史之法注解《三國志》，對史學發展而言有其重大貢獻。故大昭推崇「世期引據博洽，其才實能會通諸書，……可自作一史與承祚方軌并駕。乃不自爲，而爲之注者，謙也」。〔註98〕清代史家對裴注的評價多類此，錢大昕稱裴松之爲「陳氏功臣」。〔註99〕侯康認爲「陳承祚《三國志》，世稱良史，裴注尤博贍可觀」。〔註100〕王鳴盛則稱壽書與裴注兩者「皆未可廢」。〔註101〕肯定裴注在《三國志》研究中的價值。

〔註95〕對於四庫館臣「爲例不純」的批評，逯耀東先生認爲訓詁只是裴松之《三國志注》的體例之一，不是未竟之作。詳見逯耀東，〈裴松之《三國志注》的自注〉，收入於《魏晉史學的思想與社會基礎》，頁380～383。

〔註96〕《三國志辨疑・自序》，頁5。

〔註97〕張榮芳老師認爲這個時期《漢書》之所以訓詁多的原因，是因爲《漢書》難讀難懂。而《史記》亦同於《漢書》，有著與經同等地位的師法傳承，非易懂之書。詳見張榮芳，〈魏晉至唐時期的《漢書》學〉，收入《第三屆中西史學史研討會論文集》，頁289～312。

〔註98〕《三國志辨疑・自序》，頁5。

〔註99〕《三國志辨疑・序》，頁2。

〔註100〕《三國志補注續・自序》，頁239。

〔註101〕《十七史商榷》卷三十九〈裴松之注〉，頁247。

　　陳壽《三國志》為文簡略，雖經裴松之「雜引諸書」，使許多三國史事不致隱略於世，卻也因「網羅繁富，凡六朝舊籍今所不傳者」，出現不少問題。趙翼指出裴注的優點，「松之所引書……皆注出書名，可見其采輯之博矣」。〔註 102〕又在《陔餘叢考》中說到：「裴松之注三國，方稱詳核」。〔註 103〕不過也以鍾繇書法之絕妙、管寧與華歆割席的故事為例，說明裴注未能全面補注，「本傳既遺，而注亦并不及，則世期之脫漏亦多矣」。〔註 104〕同時裴松之所引諸書，一來史書可信度未證，二來史料真偽未明，這些豐富的史料反而導致同事不同說的疑點。清代學者為了解決這個問題，「取材不揭，轉相引據者，反多於陳壽本書焉」，對裴松之所引史書進行考說。在此風之下，清人對《三國志》與裴松之所引諸書多有考論。

　　裴松之曾大量引用家傳記載，補充不少前人事蹟，但家傳的記載是否可信呢？何焯透過史實，評價了別傳的可信與否。如裴松之引《雲別傳》補充不少趙雲事蹟，但以街亭軍敗來說，《雲別傳》載：「（趙）雲有軍資餘絹，亮使分賜將士，雲曰：『軍事無利，何為有賜？其物請悉入赤岸府庫，需十月為冬賜。』亮大善之」。何焯以為此段記載並不可信，「按諸葛賞罰之肅，雲猶貶號，其下安得濫賜，又足以明其不然。別傳類皆子孫溢美之言，故承祚不取」。〔註 105〕何焯言趙雲事蹟「殆家傳掠美」，其實從趙雲得諡的理由來看，也可知趙雲之功非家傳所言。《雲別傳》載群臣議諡的過程，群臣以為「雲昔從先帝，勞績既著，經營天下，遵奉法度，功效可書。當陽之役，義貫金石。忠以衛上，君念其賞；禮以厚下，臣忘其死。……應諡雲曰順平侯」。〔註 106〕按理說議諡時，大臣的重要事功都會被提及，在這裡除了當陽護主的事蹟可證外，《雲別傳》所載重要軍功如救黃忠、箕谷斷後等絲毫未提。家傳對於先人、傳主多有推崇、高譽之語，因此記載先人事蹟的史料，其可信度是值得懷疑的，自當再三斟酌。

　　後來的乾嘉史家對於裴松之「或說同一事而辭有乖離，或出事本異，疑不能判者，並皆鈔內，以備異聞」，導致注文與本文互有牴牾的情形也有詳細考論。他們提出「史文訛偽，加以駁正」的主張，以「體尊，義與經配」〔註 107〕的正史為主，配以更具體的論證內容，論斷裴注史料的可信與否。更進一步談到以《三國志》等正史為主的論斷，是因為裴松之所引諸書，「壽與蔚宗等當時已皆閱過，其

〔註 102〕　《廿二史劄記》卷六〈裴松之三國志註〉，頁 82。

〔註 103〕　趙翼，《陔餘叢考》卷六〈三國志〉（台北：世界書局，1960），頁 3。

〔註 104〕　《陔餘叢考》卷六〈三國志〉，頁 3。

〔註 105〕　《義門讀書記·三國志》，頁 223。

〔註 106〕　《三國志·趙雲傳》，注引《雲別傳》，頁 1052。

〔註 107〕　《四庫全書總目》卷四十五〈正史類小序〉，頁 959。

不取者必自有說」。〔註 108〕「所以重承祚者，尤在敘事之可信……公世近則見聞必確」。〔註 109〕遂有「然非正史，不足據」的言論出現。〔註 110〕如〈袁紹傳〉注引《九州春秋》有袁紹延徵北海鄭玄而不禮，《英雄記》有鄭康成行酒伏地氣絕之事。王鳴盛以《後漢書·鄭玄傳》的記載為主，兩相對照後，指出「事皆妄也」，「此乃曹欲甚袁之罪，故造此語」。〔註 111〕又如齊王芳被廢一事，裴松之引詔書言其被廢乃「耽淫內寵，沈漫女德」。王鳴盛稱：「齊王芳即位後，紀歷著其通《論語》、《尚書》、《禮記》，則假太后令廢之……非無誣之乎！蓋司馬懿殺曹爽，至此六年而司馬師廢王政，去曹氏」。〔註 112〕以齊王芳通經書為證，認為齊王非無德之輩，此為誣陷之辭，雖就邏輯而言似有不通之處，然齊王在位並無重大過惡，被廢不合情理，確有厚誣之嫌。

　　善用歸納、比較法的趙翼，對《三國志》正文與裴注的衝突，也有深刻辨析。如裴松之注《三國志》曾多次引魚豢《魏略》，其中有「劉備在小沛，生子禪後，因曹公來伐，出奔。禪時年數歲，隨人入漢中，有劉括者，養以為子，已娶妻生子矣。禪記其父字玄德，比鄰又有簡姓者，會備得益州，使簡雍到漢中，禪見簡，簡訊之符驗，以告張魯，魯乃送禪于備」。「諸葛亮先見劉備，備以其年少輕之，亮說以荊州人少，當令客戶皆著籍以益眾，備由此知亮」。後主劉禪與丞相諸葛亮的際遇在魏國史家魚豢的筆下，一位是落魄君王，一位是積極功名的年輕人。對此趙翼提出自己的見解，他說：「後主生于荊州，當長阪之敗，方在襁褓，趙雲抱而奔，得免。其後即位時，年十七。即位之明年，諸葛亮領益州牧，與主簿杜微書曰：『朝廷今年十八』。此可證也。若生于小沛時，則已三十餘歲矣」。〔註 113〕又曰：「亮〈出師表〉謂：『先帝不以臣卑鄙，三顧臣于草廬之中』。是備先見亮，非亮先見備也。壽志亮本傳，徐庶謂先主曰：『諸葛孔明，臥龍也。可就見不可屈致』，由是先主遂詣亮，凡三往乃見」。〔註 114〕趙翼以《三國志》所載諸葛亮書信、表奏為據，以當事人說法否定魚豢所載，其說甚為可信，亦可見「壽作史時，不惑于異說」。

　　錢大昕治史「博涉群書」，因此裴注史料如有不當之處，多能舉證糾之。例如

〔註 108〕《廿二史劄記》卷六〈裴松之三國志註〉，頁 82。

〔註 109〕《三國志辨疑·序》，頁 2。

〔註 110〕《三國志考證》卷二十九，頁 233。

〔註 111〕《十七史商榷》卷四十〈袁紹傳注誤〉，頁 250。

〔註 112〕《十七史商榷》卷四十〈齊王芳被廢〉，頁 250。

〔註 113〕《廿二史劄記》卷六〈三國志書事得實處〉，頁 77。

〔註 114〕《廿二史劄記》卷六〈三國志書事得實處〉，頁 77。

〈吳主傳〉引《吳錄》：「晉改休陽爲海寧」。大昕引《太平寰宇記》「吳避孫休名，改休陽爲海陽。晉平吳，改爲海寧」。將《吳錄》「考之未詳」的地方予以補充說明。〔註 115〕其實「實錄與小說互有短長，去取之際，貴考核斟酌，不可偏執」。〔註 116〕《三國志》正文與注文的關係也是如此，它們都有一定的史料價值，只有透過史家的考核去取才能得其史實，呈現它們的價值。

五、論《三國志》微言

史書有其體例，用詞、論贊自有一套成法，透過這些史書定例不只可以發現史家眞正的目的，也能對史書有正確的認識。王鳴盛評陳壽著史「世愈近而言愈隱，作史之良法也」，既然「言愈隱」，清代學者對《三國志》的評論也就不限於史書體例是否嚴格遵守這方面，發掘陳壽作史之隱意亦是評論重點之一。〔註 117〕那要如何發掘陳壽隱意呢？王鳴盛認爲「陳壽目睹兩朝，故尤謹之。而寓其意於諸賢出處之間，示進退於列傳先後之際。其用心良苦矣」。〔註 118〕這種「示進退於列傳先後之際」的論人方式，康熙年間的何焯就已運用。如《三國志》載高貴鄉公卒年二十，何焯認爲「《史通》論之，蓋未識變例之深旨」，「書高貴鄉公卒，其猶有良史之風歟！抽戈犯蹕若直書之，則反得以歸獄于成濟。今公卒之下，詳載詔表，則其實自著，而司馬氏之罪亦無可逃，所謂微而顯，順而辨也」。〔註 119〕對陳壽這種隱論深感贊同。

所謂「列傳之體，以事類相從」。〔註 120〕古代史學有同性質人物合爲一傳的史法，何焯亦以此揭露陳壽隱寓褒貶的情形。《魏志》卷末載鄧艾、鍾會、毌丘儉諸人，何焯稱「諸人惟鍾會可加以逆名，鄧艾有功無罪，至於三賢，乃心王室，事連不就，而典午之勢亦重。諸人之終，即國之終也，故次於此焉」。〔註 121〕又於糜芳、士仁、郝普、潘濬四人合傳中，稱「四子叛臣，故獨書名，傷天下三分，不歸一統，始於荊州失、關侯敗，故以三叛人終之，並及普」。〔註 122〕何焯所應運的方法，讓他成爲清代首揭陳壽書法隱義的先趨之一。

《三國志》內有許多破例，這些破例大多寄寓微言，趙一清對此有深入的觀

〔註 115〕《廿二史考異》卷十七〈吳主傳〉，頁 388。
〔註 116〕《十七史商榷》卷九十三〈歐史喜采小說，薛史多本實錄〉，頁 673。
〔註 117〕《十七史商榷》卷四十〈夏侯元傳附許允王經〉，頁 253。
〔註 118〕《十七史商榷》卷四十〈貢禹兩龔之匹〉，頁 254。
〔註 119〕《義門讀書記・三國志》，頁 208。
〔註 120〕《三國志・荀彧傳》注，頁 332。
〔註 121〕《義門讀書記・三國志》，頁 218。
〔註 122〕《義門讀書記・三國志》，頁 227。

察。在《夏侯惇傳》中，他說：「案承祚以夏侯與諸曹互列一卷，正隱寓操爲夏侯氏子」。〔註123〕此說可從〈吳主傳〉注引《魏略》載孫權與浩周書得到證明。文曰：「今子當入侍，而未有妃耦。昔君念之，以爲可上連綴宗室若夏侯氏」。《魏略》爲魏人魚豢所撰，倘若文中有辱主之義，豈會載之。況且孫權當時稱臣於魏，浩周勸孫權之子可「上連綴宗室若夏侯氏」，如此國家大事又怎會戲言。顯見時人皆知夏侯氏與曹氏關係匪淺，亦可知曹嵩出自夏侯氏一說非是敵國傳聞。這種不以通例責之的觀念，與裴松之相較，確能揭示陳壽史法意旨。〔註124〕

後來的王鳴盛應用「以事類相從」之法，對〈夏侯玄傳〉後附許允、王經二人事，便以爲「諸公身沈族滅，皆魏室之忠臣也。故於元（玄）傳末以許允、王經終之，以見其皆忘身殉國者。而皆貶其以過滿取禍，則瘦（壽）詞以避疢耳」。〔註125〕《三國志》卷十一爲袁渙、張範、涼茂、國淵、田疇、王脩、邴原、管寧同傳，他以爲這是取「諸人生於亂世，或不忘故君，或甘心死節，其仕於操者皆因緣託寄，非其本心也。況皆未入黃初篡奪之事不與焉。以管寧終之，以見隱見」。可見《三國志》「義類謹嚴、非漫然也」。〔註126〕

相較於王鳴盛以同傳人物的特質來探討各傳立意，或是使用破例評論陳壽敘述的微言，〔註127〕趙翼則從紀傳間的關係著手，藉此揭露《三國志》「言愈隱」的作史良法。如甄后之死，〈文帝紀〉與〈后妃傳〉中的記載略有不同，趙翼即指出「本紀雖不言其暴亡，而后傳中尚明言文帝踐祚，郭后、李、陰貴人并愛幸。甄失志，出怨言，帝怒，遂賜死，是雖諱于紀，猶載于傳也」。而「此又作史之微意也」。〔註128〕是故「陳壽作《魏本紀》多所迴護」，不過藉由比較他傳依舊可知所記之史實爲何。又如《三國志》對荀彧之死雖未言遭忌而飲藥以殉，也不像《後漢書》直接表明「其爲劉之心」，但陳壽於傳後稱彧死後之「明年，太祖遂爲魏公矣」，卻令人頗感不常。趙翼以爲「亦見彧不死，操尚未敢爲此也。則又公道自在人心，而不容誣衊者矣」。〔註129〕駁斥前人詆荀彧「何得謂盡忠於漢」的不當論斷，也揭露了陳壽傳末所書之隱意。

〔註123〕《三國志注補》卷九，頁118。

〔註124〕伍野春對於裴松之不明陳壽史法，純以通例責之的情形，有深入的探討，參見伍野春，《裴松之評傳》，（南京：南京大學出版社，1998），頁279～281。

〔註125〕《十七史商榷》卷四十〈夏侯元傳附許允王經〉，頁253。

〔註126〕《十七史商榷》卷四十〈袁張涼國田王邴管傳〉，頁254。

〔註127〕《十七史商榷》卷四十〈程郭董劉蔣劉〉，頁256。

〔註128〕《廿二史箚記》卷六〈三國志書事得實處〉，頁76～77。

〔註129〕《廿二史箚記》卷六〈荀彧傳〉，頁79～80。

陳壽爲魏晉統治者迴護，正如清人所言「蓋壽修書在晉時，故于魏晉革易之處，不得不多所迴護。而魏之承漢，與晉之承魏一也。既欲爲晉迴護，不得不先爲魏迴護」。〔註130〕陳壽是晉臣，受政治壓力所限，自得迴護魏晉統治者。其次，陳壽修史時「乃集三國史，撰爲《國志》」，〔註131〕曾參用官修史書《魏書》、《吳書》等，這些史籍本就有「互相詆毀，各自誇張」的文字，陳壽修史以此爲本，自不免有迴護之處。此外，亦如楊耀坤先生所言，陳壽的迴護之舉有經典可依，可視爲傳統修史「爲尊者諱恥，爲賢者諱過，爲親者諱疾」的延續。〔註132〕是故不能因《三國志》內有迴護之筆，而斷然否定陳壽修史的用心與態度。清代學者在肯定《三國志》史筆的前提下，紛紛由史書中尋找陳壽的春秋書法，揭露書法隱義，其中或有過於臆測之處，但他們從史文、史例爲出發點，觀察陳壽書法卻是值得肯定的。

六、論三國史事與人物

章學誠曾言：「論古必恕」。所謂的恕並非寬容之義，而是「能爲古人設身而處地」。他認爲「不知古人之世，不可妄論古人文辭也；知其世，不知古人之身處，亦不可遽論其文也」。〔註133〕簡單地說只有知其世才能眞論其人。錢大昕論陳壽時就有很深的體悟，他認爲：

> 後之論史者，輒右習（鑿齒）而左陳，毋乃好爲議論，而未審時勢之難易乎？夫晉之祖宗，所北面而事者，魏也。蜀之滅，晉實爲之。吳、蜀既亡，群然一詞，指爲僞朝。乃承祚不惟不僞之，且引魏以匹二國。其秉筆之公，視南、董何多讓焉。〔註134〕

充分肯定《三國志》的地位與價值，藉此也可觀察出大昕「論古必恕」，不囿於舊說的批判精神。這股知世而論的風氣，並非發源於乾嘉時期，清初何焯即以如此。何焯的《三國志》研究不輕信古人，有不少前人未及之處。如諸葛亮南征爲眾所知，許多史家對戰後處理大多以「南人不復反」來稱頌此次南征。何焯則以〈李恢傳〉「後軍還，南夷復叛，殺害守將」，「及馬忠、張嶷二傳中皆有南夷復反事」，證明「蓋雖諸葛公猶不能要其終不反也」。〔註135〕的確，諸葛亮南征後，南中地區就

〔註130〕　《廿二史箚記》卷六〈三國志書法〉，頁73。
〔註131〕　《史通通釋·古今正史》，頁347。
〔註132〕　《陳壽評傳》，頁100～101。
〔註133〕　《章氏遺書》卷二〈文德〉，頁37～38。
〔註134〕　《三國志辨疑·序》，頁1。
〔註135〕　《義門讀書記·三國志》，頁226。

不曾安定，「公，天威也，南人不復反矣」、「而綱紀粗定，夷、漢粗安故耳」，這些記載實有美化諸葛亮南征後的南中局勢。蜀漢後主在鄧艾大軍壓境時，曾想退入南中以謀東山再起，譙周卻以「自丞相亮南征，兵勢偪之，窮乃幸從，是後供出官賦，取以給兵，以為愁怨，此患國之人也。今以窮迫，欲往依恃，恐必復反叛」〔註136〕為由，反對後主南向。衡諸史實，諸葛亮南征後，南中並未全定，「叟夷數反，殺太守龔祿、焦璜，是後太守不敢之郡，只住安上縣，去郡八百餘里，其郡徒有名而已」。〔註137〕南中蠻夷的反抗更是接二連三〔註138〕，尤其是「南夷豪帥劉冑反，擾亂諸郡」，迫使諸葛亮不得不撤換庲降都督。〔註139〕從這些蠻夷不斷反抗的事件來看，確如何焯所言「蓋雖諸葛公猶不能要其終不反也」，「南人不復反」是值得商榷的。

又如《三國志・武帝紀》載袁曹官渡之戰時，「公（曹操）兵不滿萬，傷者十二三」之語，後人雖有辯駁者，如裴松之從受降卒、曹操分兵據守、主動進擊以及坑袁紹降卒七、八萬人幾點來推測這是「記述者欲以少見奇，非其實錄也」。〔註140〕

〔註136〕《三國志・譙周傳》，頁1030～1031。
〔註137〕《三國志・張嶷傳》，頁1052。
〔註138〕諸葛亮南征後，南中反亂表：

時　間	反叛者	平定將領	戰後措施
建興三年～七年間（西元225～229）	南夷	李恢	徙其豪帥於成都
建興九年（西元231）	汶山羌	馬忠、張嶷	討平
建興十一年（西元233）	南夷豪帥劉冑	馬忠、張嶷	斬劉冑、平南土
建興十一年後（西元233後）	牂牁、興古獠種	張嶷	招降二千人，悉傅詣漢中
延熙三年（西元240）	越雋郡	張嶷	誘以恩信，蠻夷皆服
延熙三～十七年（西元240～254）	旄牛夷	張嶷	籠絡之，使降
延熙年間（西元238～257）	永昌郡夷獠	霍弋	斬其豪帥

資料來源：耿立群，〈蜀漢對西南的統治與開發〉，台北：台灣大學歷史研究所碩士論文，1984年。
〔註139〕《三國志・馬忠傳》，頁1048。
〔註140〕《三國志・武帝紀》，頁20。

可是認為官渡之戰是曹操以少擊多的戰役者依舊不少。何焯則結合上句「公亦分營與相當」，重新將「時公兵不滿萬，傷者十二三」這句話做出新穎解釋，以為「上固云分營與相當矣，則此但指自將之親兵也。然亦必有一、二萬人，云不滿萬則非其實」。〔註141〕誠如沈祖祥先生所言：「由於作戰準備上，攻擊方往往佔有先機，多為主動，曹操為防守方，不僅被動，而且在不知決戰場為何地時，還得分兵防守袁紹軍可能攻擊的地方」。〔註142〕相對來說，袁紹能聚集優勢兵力攻擊曹軍，在局部戰場上，曹操的兵力調配不免捉襟見肘。所以袁紹能「悉眾聚官渡」，而曹操只能自將親兵，以十分居一之眾的兵力防守官渡，以「至弱當至強」。直到確定兩軍決戰點後，曹操才能集結兵力，配合自將親兵與袁紹對決。

大體而言，何焯的評論雖有小疵，然如沈彤所言：「凡提識中有論人者，必跡其世，徹其表裏；論事者，必通其首尾，盡其變；論經時大略者，必本其國勢民俗，以悉其利病；尤超軼數百年評者之林」。〔註143〕正因為何焯的評論以實為據，故能取得相當的研究成果。後來的清代學者評論三國史事亦以言必有據、不輕信舊說相尚，對《三國志》所載史事有不少評論與指正之處。如吳蜀合兵抗曹的提議者，〈諸葛亮傳〉與〈魯肅傳〉略有不同，〈亮傳〉載：「亮以縱橫之計說權」。〈肅傳〉則載：「肅勸先主與權并力」。牛運震指出「此自二國史官各欲揚其本國之美，故載記不同耳。陳壽因之，未有更益也。裴松之以為『非載數之體』，要在後人參互觀之耳」。〔註144〕從「論古必恕」的角度解讀蜀、吳兩國對這段史事的不同記載。又如王鳴盛論街亭軍敗，諸葛亮誅馬謖一事。他論到：「亮之誤非誤於誅謖，誤於用謖不得其當耳……以運籌決策之才，而責以陷陣摧堅之事，是使蕭何為將，而韓信乃轉粟敖倉以給軍也，宜其敗矣。此則亮之誤也」。〔註145〕認為這場戰役失敗不在於馬謖的好談兵法，不知用兵，而是諸葛亮用人不當，街亭軍敗之責實應由他擔負。這樣的評論為街亭軍敗的責任歸屬做了一定的釐清，是讓人信服的。

在歷史的發展中，人物是不可或缺的要素之一，尤其是英雄眾多的三國時代，人物更是清人評論的焦點之一，正如趙翼所言：「人才莫盛於三國，亦為三國之主，各能用人，故得眾力相扶，以成鼎足之勢」。〔註146〕三國人物之盛的歷史現

〔註141〕《義門讀書記・三國志》，頁206
〔註142〕沈祖祥，〈官渡之戰是以少勝多的戰役嗎？〉，《江漢論壇》，頁61～67。
〔註143〕《義門讀書記》附錄〈翰林院編修贈侍讀學士義門何先生行狀〉，頁557。
〔註144〕《讀史糾謬》，頁203。
〔註145〕《十七史商榷》卷四十一〈亮誅馬謖〉，頁259～260。
〔註146〕《廿二史箚記》卷七〈三國之主用人各不同〉，頁85。

象，清人當然不會不注意，他們不只評論三國史事，評價人物亦有不錯成果。如才高名不盛的魯肅，在前人眼中只是凡品，趙咨稱：「孫權納魯肅於凡品，是其聰也」。王鳴盛反對這樣的看法，認為「肅人才豈出於周瑜之下」，指出魯肅被稱為凡品的癥結在於「張昭毀肅，謂其年少粗疏，是不為時論所歸，故云凡品」。〔註147〕又曰：「魯肅與孫權合榻對飲，為畫大計，與周瑜同耳。……至〈肅傳〉載肅與關公單刀會，注又引《吳書》云云，兩人各為其主，亦復旗鼓相當」。〔註148〕為一向被世人所輕的魯肅，給了公道評價。趙翼論三國人物也有精采之作。擅用比較、歸納法的他，比較曹操、劉備、孫權的用人，「大概曹操以權術相馭，劉備以性情相契，孫氏兄弟以意氣相投，後世尚可推知其心跡也」。〔註149〕深刻地描繪出三國之主的用人性格。又如關張之勇，趙翼也歸納不少言論，指出「二公之名，不惟同時之人，望而畏之。身後數百年，亦無人不震而驚之。聲威所垂，至今不朽，天生神力，固不虛也」。〔註150〕站在大量史料的基礎上，評說了關羽、張飛的武勇。

除歸納史實評價人物外，清人也從彰善抑惡的道德觀，評價三國人物或論辯其行事。而褒貶人物的背後，就是由儒家三綱五常，忠孝仁義著手，觀察歷史人物是否合乎這樣的儒家規範，從中施以褒貶。如《三國志》載曹魏政爭中被殺的夏侯玄、李豐諸人，辭有貶抑之義，牛運震云：「夏侯玄、李豐、張緝共謀誅司馬氏，此忠于魏室，為國討賊之義」，認為《三國志》「不無袒枉之詞」，主張立言以彰諸臣之忠。〔註151〕又如何晏在陳壽筆下不見才德，反似逆臣小人，後人不察，又以其清談之罪深於桀紂，故錢大昕特著〈何晏論〉為何晏平反。他首先說明何晏之所以被當作誤國罪人，是因為范甯首開其聲，後世史家沿之，才導致「後人惑於其說」。他以史載何晏的作為為據，指出何氏

> 有大儒之風，使魏主能用斯言，可以長守位而無遷廢之禍，此徒尚清談者能知之而能言之者乎！若夫勸曹爽紲司馬懿，此平叔之忠於公室也。爽固庸才，不足與斷大事，不幸為懿所害，魏之國是去矣。〔註152〕

此論駁斥了范甯對何晏「膏粱傲誕，利口覆邦」的詆辭，也重新肯定何晏對曹魏的忠義。

此外，《三國志》未載的忠孝仁義事蹟，清人主張引入書中或另有銓配。如

〔註147〕《十七史商榷》卷四十二〈魯肅凡品〉，頁264。
〔註148〕《十七史商榷》卷四十二〈瑜肅異而同〉，頁267。
〔註149〕《廿二史箚記》卷七〈三國之主用人各不同〉，頁85。
〔註150〕《廿二史箚記》卷七〈關張之勇〉，頁83。
〔註151〕《讀史糾謬》，頁168。
〔註152〕《潛研堂文集》卷二〈何晏論〉，頁28。

《漢晉春秋》載魏以蜀宮人賜諸將，李昭儀不屈自殺一事，牛運震以爲「亦卓卓義烈事，當錄入〈妃子傳〉」。〔註153〕典韋與曹魏諸將相較，英勇不在話下，捨身保護曹操更可見忠義之心，但典韋卻未與諸將有共同待遇。故潘眉云：「典韋雄武壯烈，不在遼、褚下，乃生不封侯，沒無追諡，非史傳遺漏，則魏朝酬庸之典爲未副焉」！〔註154〕爲典韋的忠義得不到國家褒賞，或因史家失載而感到遺憾。

忠義事蹟固然值得褒揚，而失節行爲，尤其是危害統治的人，其行更當直書，不應曲筆諱之。王鳴盛論孫資、劉放傳多微詞，「放、資之罪在引司馬氏耳，然此不可得而言也。故以他罪之著其事，而微其詞也。其上文先言齊王即位以決定大謀增邑，所謂大謀者何也？援納篡賊也。則抑毗助思，故其小小者矣，用意不亦彰明較著哉」。〔註155〕鳴盛雖肯定陳壽於史書中貶劉放、孫資二人的隱義，但認爲「用意不亦彰明較著哉」，陳壽當以直書爲勝。再如趙翼論陳壽迴護過甚之處，「究有未安者」，有高貴鄉公被弑一事，他稱：

> 《魏志》但書高貴鄉公卒，年二十，絕不見被弑之跡。反載太后之令，言高貴鄉公之當誅，……並載昭奏稱：『公率兵向臣，臣即敕將士不得傷害。騎督成倅弟成濟，橫入兵陣，傷公，進至殞命。臣輒收濟付廷尉，結正其罪』等語。轉似不知弑君之事，而反有討賊之功。本紀如此，又無列傳散見其事，此尤曲筆之甚者矣。〔註156〕

對陳壽未能直書司馬昭弑君之事大表不滿。皆可見清人善惡皆書，不隱諱失節行爲的史學觀點。

如前所述，清代學者有不少對三國史事或人物的評價、指正，透過這些內容，不僅對三國史有更正確的了解，還可看到清代史家的實錄思想、忠義觀念、細心的考證以及淵博的學識。這些研究成果都是值得今人注意之處。

第三節　清人評論《三國志》的侷限

清人評論《三國志》的內容，不僅多且廣，還不乏過人之見，但由於歸納史料不全以及先入爲主的意識型態等因素，都讓他們的評論失去允當與客觀性。這種論說失當可從下列幾點觀察。

〔註153〕《讀史糾謬》，頁188。
〔註154〕《三國志考證》卷三，頁464。
〔註155〕《十七史商榷》卷四十〈放資傳多微詞〉，頁256～257。
〔註156〕《廿二史箚記》卷六〈三國志多迴護〉，頁74。

一、受正統思想的影響甚鉅

正統史觀是傳統史學中的深層歷史觀念，它影響史家的史學思想和對歷史的要求。在清代以前這個問題的討論比比皆是，各不互統的三國時代更是諸家討論重點。〔註157〕因此在《三國志》的研究歷史中，正統史觀一直是揮之不盡的陰影。清代在朱熹理學的影響下，弘揚《春秋》大一統，效法《綱目》尊王絀霸，成為清政府的正統理論。劉備雖未有一統之實，卻因得統之正，受到朱熹的肯定，清政府也隨之視蜀漢為正統，這在清人的《三國志》研究中屢次浮現。劉咸炘曾言：

> （清人）發所說愈多，所推愈密，于是向所視為不知大義之陳承
> 祚，乃一變為心存忠義矣。以吾觀之，壽自有不忘舊國之心，而非有魏
> 邪漢正之見，雖小例不以蜀儕吳，而大體帝魏自不可掩。……朱（彝
> 尊）、錢（大昕）之言，僅言其不得已，尚非太過，何氏（何焯）讀書好
> 探古人微意，而于是書則多曲鑿，李禪與尚（鎔）更加甚焉，強說不能
> 自圓，好古實以誣古，坐使直白之史書變為詩賦。〔註158〕

清代學者不同於過去以正統思想修改《三國志》內容，而將《三國志》重新詮釋為具有尊劉正統思想的史書，對前人認為陳壽無故國之心的說法多有糾舉，可是部分學者在這種強調陳壽尊劉的意識下，認為《三國志》內有深抑魏、吳二國的理念，這就變得有曲說、臆測之嫌，而非持平看待這部史書，於是出現「諸公申雪承祚，而多生曲鑿」的情況。〔註159〕

何焯是清代研究《三國志》的先趨，不少研究成果廣為後人盛讚，評論時仍不免帶有過度的主觀意識。他以陳壽於《蜀志》卷末有〈季漢輔臣傳〉，認為陳壽「不得不以魏為正，乃于《蜀書》之末，記文然之贊，假拖散軼，陰著中漢、季漢皇統斯在，儕蜀于魏之上，大書贊昭烈皇帝」。〔註160〕這種以陳壽有蜀為正統的前提意識，讓他認為陳壽書中有隱筆，因而對《三國志》的某些記載，有臆測、武斷之嫌。如漢魏之際的曹操受魏公之稱與曹丕受禪之事，何焯以為陳壽「但錄冊書，而不著其僞讓，承祚之微詞，所以殊於他史者也」。〔註161〕這種受封為公為帝的冊書屬於重大史事之一，陳壽本應錄之，另一方面來看，這些詔書也證明了曹魏政權的合法性，何焯稱此為「承祚之微詞」，不全然可信。又如周魴遣親人以七條投降

〔註157〕 參見《中國史學上的正統論》。
〔註158〕 《四史知意》，頁764～765。
〔註159〕 《四史知意》，頁796。
〔註160〕 《義門讀書記・三國志》，頁227。
〔註161〕 《義門讀書記・三國志》，頁206。

事引誘曹休，何焯稱：「七條凡鄙寡要何，……，人才如魴即傳，可以不立。此與
〈胡綜傳〉所載，偽為吳質三表，豈故鋪陳其事，以見吳人智略本疏，好行小慧，
君臣皆竊一時邪」？〔註162〕周魴以計誘敵，使吳軍大破魏軍，於吳國而言甚為關
鍵，自當書於史冊，說此有譏笑吳人的隱義，恐是引申過當。

　　這種相信陳壽尊劉貶曹的觀點也反映到清人對曹魏人物的批評。如程昱、郭
嘉、董昭、劉曄、蔣濟、劉放諸人合傳，王鳴盛謂：「以明智之士見利忘義，不可
保信，以此始者，必以此終，著戒甚深。不然以諸人之謀略，且與二荀間隨矣，何
獨區而別之乎」？〔註163〕認為陳壽以諸人合傳是取有智之士見利忘義之意。然案
諸傳觀之，呂布兵臨兗州，程昱守城「以待太祖」〔註164〕；郭嘉卒後，曹操還追
傷道：「相與周旋十一年，阻險艱難，皆共罹之」。「事人心乃爾，何得使人忘
之」！〔註165〕蔣濟於魏國，屢次上疏呈見，為國家奉獻極大心力，他雖與司馬氏
交好，但仍被孫盛讚譽「不為利回，不為義疚，蔣濟其有焉」。〔註166〕以此觀之，
將這三人視為忘義之輩，恐怕是不全面的評價，亦非陳壽合諸人為此傳的用意。此
皆清人受正統思想限制，以陳壽有尊劉抑魏、吳的書法所致，是清人評論《三國
志》時值得商榷者。

　　此外，中國古代的正統觀有「天人相應」之說，清人對此深信不疑。如何焯認
為一國之興滅都有上天的指示，《三國志·公孫瓚傳》注引《吳書》曰：「是時有四
星會於箕尾」，這原本是韓馥欲擁劉虞為帝的計倆，與劉備並沒有特別關聯，不過
在天人相應凡成大事者必有吉兆的理念下，何焯以為此是「昭烈起涿郡之祥」。〔註
167〕是劉備為天命所歸之象。一人之興如此，一國將滅也是如此，《三國志·明帝
紀》記景初二年癸丑有彗星見於張宿，何焯云：「其占與王莽地皇三年有星孛于張
同，天將除曹氏矣」。〔註168〕這種思想在乾嘉史家趙翼、王鳴盛身上也看得到，他
們論史都有濃厚的天命觀，相信「天命有歸，不可以智力爭也」。〔註169〕「天欲廢
漢，人不能興之矣」。〔註170〕這種歷史解釋雖不似何焯般，但若純以天意解釋歷史
而忽略了人的作用，這樣的解釋恐怕難有完善。

〔註162〕　《義門讀書記·三國志》，頁233。
〔註163〕　《十七史商榷》卷四十〈程郭董劉蔣劉傳〉，頁255～256。
〔註164〕　《三國志·程昱傳》，頁427。
〔註165〕　《三國志·郭嘉傳》注引傅子，頁436。
〔註166〕　《三國志·蔣濟傳》注引孫盛曰，頁456。
〔註167〕　《義門讀書記·三國志》，頁210
〔註168〕　《義門讀書記·三國志》，頁208
〔註169〕　《廿二史箚記》卷六〈陳壽論諸葛亮〉，頁81。
〔註170〕　《十七史商榷》卷四十一〈蜀諸臣年〉，頁262。

二、人物的崇拜與迷信

正統史觀不僅影響清人對陳壽書法的評價，以其處處皆有尊劉抑曹之意外，也神化了某些人物。一旦人物由崇拜變成迷信，而這些「迷信」又被帶入歷史研究中，這樣的人物評價自然較難客觀。可以關羽、諸葛亮為例說明。

三國時代的關羽素有萬人敵之稱，清人對關羽的崇信並不僅此，忠義品行更讓他顯赫千載。由於關羽忠於劉備與中國傳統德性要求一致，對於鞏固統治也極為有利，所以清代統治者以他為民眾行為的規範，將他推上聖人之列，藉此提倡忠君愛國，起到禮義教化的作用。「生前忠義，振萬古之綱常，身後威靈，保歷朝之泰運」，正說明關羽對統治階級的作用。〔註171〕不只如此，戲劇與小說對關羽的詠唱早已超出正史的評價與描述，「《三國演義》為關聖，一時人心所向，不以書之真偽論」，使關羽品行卓然，忠義個性加倍鮮明。〔註172〕民間的渲染與官方的提倡互為助益，關羽這一歷史人物在清人心中有至聖般的地位。因此《三國志》中對「關聖」人格不利的記載，多略而不提，甚至全盤抹煞。乾隆皇帝曾以《三國志》中的關羽諡號非盡善，竟稱：「關帝在當時力扶炎漢。志節懍然。乃史書所諡。並非嘉名。陳壽於蜀漢有嫌。所撰《三國志》。多存私見」。〔註173〕實際上諡號是蜀漢朝廷議定的，與陳壽又有何干係呢？這一切在關帝崇拜的清帝國內，陳壽成了代罪羔羊。上有所行，下必有效，對破壞關羽「神聖形象」的記載，在部分清人的眼中往往是不加思索地否定，導致人物評價的不客觀。如裴松之引《蜀記》載有不少關羽較負面的行為，如乞娶他人之妻、勸劉備殺曹操、與徐晃相對之言等，裴松之曾以史實對某些記載予以批駁，可是清代學者卻是未提證據，而對《蜀記》的記載一概否定。何焯稱《蜀記》「語多淺妄，恐不足信」。〔註174〕在說到史料不足信的同時，竟未舉實例來說明此書之不足信。又王鳴盛稱「關雲長傳所採《蜀記》六條、《典略》一條，內惟龐德子會滅關氏家一條，或係實錄，其餘盡屬虛浮誣妄」。〔註175〕僅書惟滅關氏家一條可信，其餘「盡屬虛浮誣妄」不足信，不僅讓人不清楚此語的立論依據為何，也讓人覺得這是缺乏實證的主觀判斷。再如〈吳主傳〉稱「羽猶豫不能去」、「羽偽降」，牛運震謂：「關公之圍襄陽，乃以乘勝之師能進不能退耳，其所以致敗，以無後繼也，壽以

〔註171〕劉蓮，〈關羽信仰的文化內涵〉，《中國文化論壇》1995.3，頁101。
〔註172〕蔡東洲、文廷海，《關羽崇拜研究》引俞正燮語，（四川：巴蜀書社，2001），頁205。
〔註173〕《清會典事例》（五）卷四百三十八〈中祀〉（北京：中華書局，1991），頁977。
〔註174〕《義門讀書記·三國志》，頁222
〔註175〕《十七史商榷》卷四十一〈關傳注多誣〉，頁261。

『猶豫不能去』為關公疚，過矣」。〔註176〕「關公之保麥城，特以勢孤遁走，非偽降也」。〔註177〕又論關羽降曹操一事，他認為「關公為曹公所虜而自歸劉備，關公實未降曹也」。〔註178〕以為陳壽記載不當。而潘眉不斷然否定《蜀記》說法，卻從它書記載中尋找為關羽開脫的證據。他引《華陽國志》載「羽啟公：『妻無子，下城，乞納秦宜祿妻』」，認為關公乞娶他妻是因為本妻無子。又引《獻帝春秋》說「秦宜祿已娶漢宗室女矣」。〔註179〕將乞娶他妻一事予以合理化，以此不傷關羽的神聖形象。

　　上述內容都是清人對關羽過度神化所致。對他們來說，關羽既為神人，又怎會乞娶他人妻呢？又怎會與徐晃交談時有驚懼害怕呢？於是遇到對關羽不當的記載就直斥為妄，而不思考這樣的記載是否可信。畢竟歷史上的關羽是人，不是神，像〈關羽傳〉注引《蜀記》「乞娶其妻」一事，如果這是《蜀記》言多妄語的話，那〈明帝紀〉注引《獻帝傳》：「其（秦宜祿）前妻杜氏留下邳，布之被圍，關羽屢請於太祖，求以杜氏為妻」。〔註180〕以及《華陽國志》：「羽啟公：『妻無子，下城，乞納秦宜祿妻』」。〔註181〕皆可見此說非孤證。又關羽投降一事，牛運震認為關氏不曾降曹，但〈關羽傳〉言：「建安五年，曹公東征，先主奔袁紹，曹公禽羽以歸，拜為偏將軍，禮之甚厚」。〈先主傳〉亦載：曹操「禽關羽以歸」。〈武帝紀〉載：「備走奔紹，獲其妻子。備將關羽屯下邳，復進攻之，羽降」。從這三條史料來看，關羽被擒後，還能被「拜為偏將軍，禮之甚厚」，力盡而降的可能性不能說不高。而由曹操先獲劉備妻子，後進攻關羽的順序來看，非如通俗小說所言，關羽是為保護同行的劉備妻小，才與曹操約法三章後投降。在當時的情況，關羽投降曹操是可以理解的，沒有必要回避，或為之曲說。然而清人為了維護神化後的關羽，對於這段不太光彩的歷史，當然會為其解釋、澄清，而否定諸說，未能就事論事地深論此事的可信與否。

　　以主觀意識論斷人物及其行事的情況也發生在何焯身上。何焯是以尊劉為出發點的學者，幾以蜀漢觀點看待三國史事，對諸葛亮的行誼與事蹟更是歌頌不已，舉凡諸葛亮不好的記載，大多予以否定，或為之辯護使其正當化。例如法正挾怨報

〔註176〕《讀史糾謬》，頁199。
〔註177〕《讀史糾謬》，頁199。
〔註178〕《讀史糾謬》，頁162。
〔註179〕《三國志考證》卷六，頁479。
〔註180〕《三國志・明帝紀》注引《獻帝傳》，頁100。
〔註181〕常璩著、任乃強校注，《華陽國志校補圖注》（上海：上海古籍出版社，1994），頁359。

復，擅殺毀己者，諸葛亮並未依法嚴辦，何焯就引許攸叛袁紹事，認為諸葛亮不縱法正，那法正會如同許攸叛袁降曹，叛蜀降敵。〔註182〕其實以諸葛亮在劉備時期的分量來看，遠不及「外統都畿，內為謀主」的法正，故《三國志》稱「（諸葛）亮又知先主雅愛信（法）正，故言如此」。〔註183〕諸葛亮寬縱法正與劉備親信法正有關，和擔心法正叛蜀降敵並無直接關聯，何焯此語似乎是為了替「賞罰肅而號令明」的諸葛亮開脫，文中推論成分居多。

又如魏臣上書言：「今雖有十二州，至於民數不過漢時一大郡」。何焯評論到：「葛相不死，魏必可滅，蓋以此也」。〔註184〕此論前提是人口數為國力高低的指標，但據今人研究，「今雖有十二州，至於民數不過漢時一大郡」這句話實有誇大之疑。案曹魏人口少主要是豪強庇蔭的依附農，以及不編入民戶的屯田戶、兵戶以及官戶等的存在，造成民戶大量減少，才有如此誇張的說法出現。如依王育民的估計，三國時代的人口數約有三千多萬，其中曹魏就佔了一半以上。〔註185〕此外，據王隱《蜀記》記載，後主出降時，蜀漢共「領戶二十八萬，男女口九十四萬，帶甲將士十萬二千，吏四萬人」。〔註186〕蜀漢人口總計約一百零八萬，而曹魏約四百多萬，如就人口數字，可見魏強蜀弱的事實。何焯持「葛相不死，魏必可滅，蓋以此也」的肯定論斷，忽略了魏強蜀弱的現實環境，主觀臆斷大過客觀事實的分析。

綜上所觀，不難發現部分清代學者對於某些歷史人物的崇拜，甚至到了迷信，這些主觀因素影響著他們對於史事的判斷與人物的評價，為了讓歷史符合自己心中的想像而曲解其說，這些因主觀因素，致使評說失當是清人論說的問題所在。

三、以忠義為主的道德評價

清代學者不只受正統史觀的影響，在評價人物時也陷入了道德評價為上的泥沼，論人皆從忠義出發。如同晉孫盛所言：「士雖百行，操業萬殊，至於忠孝節義，百行之冠冕也」。為人臣下只有以忠孝節義輔助君上，才能「匡主濟功，終定大業」。〔註187〕忠義不僅是百行之首，也是「終定大業」的利器。清人沿襲過去的忠義文化，極重人物是否合乎忠義。其以忠義為主的道德評價，重點便在忠於得統之正的國家。而得統之正的人物，在正統的庇蔭下，遂得其行。如劉備取蜀一事，

〔註182〕《義門讀書記・三國志》，頁212。
〔註183〕《三國志・法正傳》，頁960。
〔註184〕《義門讀書記・三國志》，頁214
〔註185〕王育民，〈三國人口探索〉，《歷史地理》6，頁186～196。
〔註186〕《三國志・後主傳》，頁901。
〔註187〕《三國志・諸葛亮傳》注引干寶曰，頁918。

何焯以為「漢祚將墜，較其輕重，則取璋不為非」。〔註188〕即令操守有虧的人只要站對邊，忠於劉漢，那操守就不算甚麼了。法正為人「一飧之德，一狹之怨，無不報復，擅殺毀傷己者數人」。〔註189〕並不算大德之人，但因為「尊獎王室」，何焯認為他「非碌碌程（昱）郭（嘉），惟思攀附孟德者」。〔註190〕其實法正獻策奪蜀，賣主求榮，怎說他高於程昱、郭嘉呢？又如馬超兵敗後，據守涼州，後因戰事之故，屠殺涼州百姓、官員，品德有缺，卻因密降劉備，何焯遂稱「賴得所歸，不終名為賊」。〔註191〕顯然為賊非賊的標準是在「賴得所歸」與否，個人品德、才能並不是何氏評價人物的主因。這種論斷標準是否客觀應是不言可喻。

在部分學者眼中，與蜀漢政權唱反調的人則成了所謂的逆臣。如何焯文中就有「魏人之不知恥也」。〔註192〕「吳人智略本疏，好行小慧，君臣皆草竊一時耶」的字眼。〔註193〕代表他論人的基本立場。又如周瑜稱曹操「託名漢相，其實漢賊也」，何焯認為「此則多取諸葛語增飾之故」，似指助孫吳立國的周瑜，不可能甚至是沒有資格稱曹操為漢賊。再如鍾繇、華歆、王朗被陳壽稱譽為「一時之俊偉也」，牛運震持反對意見，指稱「三人皆漢舊臣，事魏為三公，臣節已不可問；華歆黨惡協篡，最浮于王尋、蘇獻。且才質具庸下，錄錄從容，坐鎮備員而已，烏得為一時之俊偉乎」？〔註194〕認為三人不僅無節，還才質具庸下，不配稱為「一時之俊偉」。

不只魏、吳二國的人物備受抨擊，蜀國的投降人物更是清人批評的重點目標。如鍾會、鄧艾引軍滅蜀，霍弋舉城降之，陳壽稱其「各保全一方，舉以內附」。牛運震頗為不滿，云：「霍弋舉城降魏，無可稱者，而壽以『保全一方』予之，何也」？〔註195〕又譙周勸後主出降一事，清代史家多從忠君論斷譙周的失節，牛運震稱：「（譙）周策蜀歸魏，甘蹈輿親之辱，失君死社稷，臣死封疆之義，殆愧申包胥、文種多矣，壽乃以此褒周，不亦悖乎」。〔註196〕王鳴盛亦言譙周為「誤國不忠」。〔註197〕再如張郃投降一事，趙翼有深刻評論，認為〈魏武

〔註188〕《義門讀書記・三國志》，頁223。
〔註189〕《三國志・法正傳》，頁960。
〔註190〕《義門讀書記・三國志》，頁223。
〔註191〕《義門讀書記・三國志》，頁222～223。
〔註192〕《義門讀書記・三國志》，頁207。
〔註193〕《義門讀書記・三國志》，頁233。
〔註194〕《讀史糾誤》，頁172。
〔註195〕《讀史糾誤》，頁194。
〔註196〕《讀史糾誤》，頁195。
〔註197〕《十七史商榷》卷三十九〈陳壽史皆實錄〉，頁246。

紀〉及〈袁紹傳〉所記袁軍大敗是因為張郃投降，而〈張郃傳〉卻載袁軍敗後，張郃懼被郭圖所譖，不得已而降。這是因為「蓋壽以郃為魏將，故于其背袁降曹之事，必先著其不得已之故，為之解說也」。〔註198〕以盡臣節的觀點來評價譙周等人的投降是失節行為，認為記載失實。甚至以品德有缺而否定此人著作。如牛運震大肆批判譙周為人，也不放過他的著作，「譙周非不淹博該達，獨至鄧艾入蜀，力主降議，不知有名節廉恥事，真小人之尤者。其〈仇國論〉、〈勸降疏〉，多有背道逆理之言，又雜以術數纖兆之事，鄙俗特甚，以此列入諸人傳中，實有愧色」。〔註199〕王鳴盛對於曹魏佞臣後人孫盛的態度也是如此，他稱：「孫資之元孫盛，亦作《魏氏春秋》、《晉陽秋》，鄙夫佞人昌後乃爾，幸其書皆不得」。〔註200〕又曰：「（孫）盛人佞人子孫，言固難據」。〔註201〕可見清人對失節者的嚴厲批判。

由上可見，清人常以忠義論史，作所謂的道德評價，這種評價觀點不是不好，然而它經常與歷史評價發生矛盾與衝突。如上述的譙周，牛運震與王鳴盛大斥其誤國不忠，就當時情境，曹魏大軍兵臨城下，姜維諸軍又被鍾會所困，即使移都避禍也難保不失。而且戰事一久受難的還是百姓，譙周的進言雖有失於忠，但不能否定的，是他讓戰事早日結束，讓黎民脫離戰爭苦痛的貢獻。而霍弋舉城降魏一事，更無失節之情。當時後主已降，霍弋隨之降魏，此時遭吳國進攻，擊退吳軍，自有「保全一方」之功，為何不能大加讚賞。此正反映出牛運震的批評是建立在他們降於得統不正的曹魏所致。

再深入觀察，這種道德批判其實是針對得統不正以及失節之人，對於忠於得統者的品行，反而不怎樣要求。何焯稱馬超「賴得所歸，不終名為賊」，實際上馬超在涼州虐殺州將的作為，與曹操屠殺徐州百姓在本質上沒有太大差異，卻由於「賴得所歸」，降於蜀漢，而去賊之名。這正說明何焯的兩面性評價。清人對於失節者的評論常是十分嚴厲，甚至非理性的，如前述「魏人之不知恥也」、「吳人智略本疏，好行小慧，君臣皆草竊一時耶」！都是以道德決定人物的評價，進而把失節者的能力、行為，一概地否定而未能尊重史實。儘管這種因主觀意識，或純以道德觀評論他人的情形，不是所有《三國志》研究者都如此，不過這種主觀論斷應當避免把它運用在史學研究上。

〔註198〕《廿二史劄記》卷六〈三國志多迴護〉，頁75。
〔註199〕《讀史糾謬》，頁195～196。
〔註200〕《十七史商榷》卷四十〈先世名臣〉，頁255。
〔註201〕《十七史商榷》卷四十一〈姜維志在復蜀〉，頁263。

四、論斷的方法有誤

撇開主觀意識的影響，若由客觀的論斷方法觀察，清代學者的研究還是受某些因素影響，而出現致誤的情形，可大致歸類為：

（一）以部分概括全部

清人的史論不同於宋明史家，是在求實的基礎上，有證據的論斷，然而在歸納史料立說的同時，卻偶有忽略衝突記載，而強求統一，以此概括全部史實。如王鳴盛從官渡之戰體認出「兩敵相爭，弱者勝」，並舉越滅吳、韓魏滅智伯、樂毅勝齊、劉滅項、曹滅袁為例。〔註202〕此說實有武斷之嫌，以鳴盛所舉之例而言，樂毅集五國聯軍擊齊，劉邦以五十萬大軍包圍項羽，何來弱滅強。史書之所以特別強調弱者勝，除誇大戰功外，得之不易也是一因，並不是說弱者就會勝強者，如果以此說觀之，那魏滅蜀、晉滅吳豈非不可能。又如〈許鄴洛三都〉條，他稱：

> 真為都者，許、鄴、洛三處耳。自建安元年，操始自洛陽迎天子都許，備見武帝紀中。并每有征伐事畢，下輒書公還許。至九年滅袁氏之後，則又遷都於鄴矣。封獻帝為山陽公，都濁鹿城，皆懷州修武縣地，則都鄴明矣。紀雖於此下屢書公還鄴，或書至鄴，而尚未能直揭……至二十四年則書還洛陽，二十五年又書至洛陽，其下即書王崩于洛陽。至其子丕受禪，即真位，皆在洛。蓋自操之末年，又自鄴遷洛矣。〔註203〕

此論僅以本紀內容為主，甚少參引他傳，於是出現以部分概括全部的情形。首先「九年滅袁之後」並不正確，《三國志・武帝紀》作「十年春正月，冀州平」，故當作十年滅袁之後。其次，說曹魏陸續建都在許、鄴、洛，也不盡正確。許是曹操迎漢獻帝後的漢帝都，鄴城是魏國都，而洛陽則是曹丕所定之都，漢獻帝未曾移都。曹操擁立獻帝不久，即因「公將討張繡，入覲天子，時始復此制。（三公入見天子，交戟又頸而前）。公自此不復朝見」。〔註204〕有過不愉快經驗，為了避免君臣衝突，在攻取鄴城後，曹操屢次至鄴，建銅雀台等，有另起爐灶之意。故獻帝封曹操為魏公時，受封的冀州十郡內就有魏郡，即鄴城的所在地，在此「始建魏社稷宗廟」。〔註205〕因此鄴城為魏國都所在又怎會是漢國都呢？《三國志・武帝紀》載建安二十三年，「漢太醫令吉本與少府耿紀、司直韋晃等反，攻許」。〔註206〕太醫、

〔註202〕《十七史商榷》卷四十〈弱者勝〉，頁248。
〔註203〕《十七史商榷》卷四十〈許鄴洛三都〉，頁248。
〔註204〕《三國志・武帝紀》注引《世語》，頁15。
〔註205〕《三國志・武帝紀》，頁42。
〔註206〕《三國志・武帝紀》，頁50。

少府都是內廷要職，平時不可能離開國都，陳壽於前又加漢字，足可見許昌為漢廷的所在地。又《三國志‧武帝紀》注引《三輔決錄注》曰：「時關羽彊盛，而王在鄴，留（王）必典兵督許中事」。《山陽公載紀》曰：「王（曹操）聞王必死，盛怒，召漢百官詣鄴」。〔註207〕《三國志‧蔣濟傳》亦載「時獻帝在許」。皆可見許昌為漢都，鄴城為魏都。至於鳴盛所謂的「自鄴遷洛」，亦非史實。曹操由長安至洛陽時身體已有不適，故〈任城王傳〉載：「太祖至洛陽，得疾」，曹操停留在洛陽是為養病，並非以此為都。曹丕建都於洛陽，也是即帝位後，非如鳴盛所言是自曹操末年就遷都的。漢末定都問題可說是歸納不慎所致。

　　善用歸納法觀察歷史現象的趙翼，亦有以部分概括全部的時候。如論借荊州之非，他認為借荊州只是吳人的片面之詞，然據〈先主傳〉載：「（建安）二十年，孫權以先主已得益州，使使報欲得荊州。先主言：『須得涼州，當以荊州相與。』」。如果說借荊州只是吳人單方說辭，那劉備又何須說：「須得涼州，當以荊州相與」，可見此說不全為虛。荊南四郡是劉備自己取得，但也向吳國借南郡公安，並以此為州治。借荊州之說雖有誇大，卻非無據之論，趙翼之說並不穩當。

　　考據名家錢大昕評論《三國志》史事時，偶有歸納史事不全，導致所論有失。如他在「脩為司金中郎將」下稱：「陳琳〈為袁紹檄〉稱操特置發丘中郎將、摸金校尉，即此也。〈韓暨傳〉就加司金都尉亦是」。〔註208〕考司金都尉、司金中郎將與發丘中郎將、摸金校尉有所不同，正如潘眉所說：「魏太祖與王脩書云：『先賢之論，多以鹽鐵之利足瞻軍國之用。昔孤初立司金之官，念非曲君，餘無可者』；又云：『使此君沈滯冶官』。然則司金中郎將蓋冶官也」。〔註209〕陳琳〈為袁紹檄〉載：「置發丘中郎將、摸金校尉，所過墮突，無骸不露」。〔註210〕可見司金都尉、司金中郎將是管治鹽鐵之官，發丘中郎將、摸金校尉則是挖墳取財之官，所以才會「所過墮突，無骸不露」，性質是不相同的，此論實因歸納史料不全而誤。

（二）未細查史料而誤

　　清人治史極重史料而不涉虛妄。不過，亦有無史為據，或不究原書的縱筆發揮，無史實為依據則其論不盡為真，不究原書則其說不免混淆。杜維運先生考《廿二史劄記》之失中，有〈三國志書法條〉：「於蜀吳二主，則直書曰劉備」。實際上

〔註207〕《三國志‧武帝紀》注引，頁50。
〔註208〕《廿二史考異》卷十五〈王脩傳〉，頁364。
〔註209〕《三國志考證》卷四，頁457。
〔註210〕《三國志‧袁紹傳》引《魏氏春秋》，頁198。

陳壽未曾直呼劉備，而是稱先主。〔註211〕像這就是不究原書而導致的錯誤。

又如錢大昭《三國志辨疑》內的記載，也有不少是不究原書，未細查史料而誤者，他稱：「董遇字季直，見〈王朗傳〉」。〔註212〕據〈王朗傳〉內文，大昭所引史料來源應是裴松之引《魏略》注，而非《三國志》本文。又言：「雲南郡，建興二年分建寧、永昌置」。〔註213〕案雲南郡為諸葛亮南征後所置，而平定南中時為建興三年，〈後主傳〉載：「（建興）三年春三月，丞相亮南征四郡，四郡皆平。改益州郡為建寧郡，分建寧、永昌郡為雲南郡」。〔註214〕〈諸葛亮傳〉亦載「三年春，亮率眾南征，其秋悉平」。〔註215〕皆可證平定南中，為建興三年，雲南郡的設立當為三年非二年。大昭書中也有無史為証的論斷，他於《楊儀傳》中稱：「建武十三年，魏武分南郡以北置襄陽郡，蕩寇（關羽）為太守時，郡已西屬」。〔註216〕案建武為漢光武年號，建武當為建安之誤。而「蕩寇為太守時，郡已西屬」，並非實情。據《蔣濟傳》載：「關羽圍樊、襄陽」。〔註217〕《徐晃傳》載：「羽圍仁於樊，又圍將軍呂常於襄陽」。〔註218〕可見關羽威震華夏時，未曾攻取襄陽，其任襄陽太守，恐是遙領，非實有其地。

第四節　小　結

清人的《三國志》評論已如上述，他們在以實為據的前提下，有極大的突破。除以批判精神，評價前人說法是否得實外，還以「知世論人」的觀點，對歷史事件予以說明，尋求解釋。不僅全面性的評論陳壽史德與《三國志》內容，也對裴松之引用的內容與文字加以述論。除了客觀評價陳壽史筆的優缺，還有不少對三國史事或人物的評價、指正。儘管他們在評價人物、評論史學也有美中不足，不論是先入為主的尊蜀抑曹，或純以道德、正統觀論人、評事，還是歸納史料不足，造成論事有缺，但透過他們的研究，都讓《三國志》研究有更深厚的學術基礎，這都是無可抹滅的貢獻。

〔註211〕 杜維運，《清乾嘉時代之史學與史家》（台北：學生書局，1989），頁143。
〔註212〕 《三國志辨疑》卷一，頁2。
〔註213〕 《三國志辨疑》卷二，頁8。
〔註214〕 《三國志・後主傳》，頁894。
〔註215〕 《三國志・諸葛亮傳》，頁919。
〔註216〕 《三國志辨疑》卷二，頁6。
〔註217〕 《三國志・蔣濟傳》，頁450。
〔註218〕 《三國志・徐晃傳》，頁529。

第四章　有功於史部——清人的《三國志》補注

　　歷史文獻需要補充說明，是由史書本身的特點和時間性所決定。如鄭樵所言：「古人之言所以難明者，非爲書之理意難明也，實爲書之事物難明也」。〔註1〕隨著時間的推移，史書記載的那段歷史事實，對今人來說不僅遙遠，也是陌生的。「二十二家之書，文字繁多，義例糾紛，輿地則今昔異名，僑置殊所，職官則沿革迭代，冗要逐時」。〔註2〕當時習以爲常的典章制度、人物地名以及生活習慣等，或許隨著時間產生了變化，或許今日已棄而不用，假使這些內容不透過注解補充的話，則難爲人解，甚至不爲人知。因此史書的補注就成爲一項重要，而且必要的工作。

　　清代學者對正史的補注極爲用功，注補史書的內容十分豐富，大致說來，有解釋原書文句音義、補注原書、校勘原書以及糾正原書之謬誤四體。「清儒此類著作中，四體皆有。有一書專主一體者，一書間用兩體或三體者，其書頗多，不能悉舉」。〔註3〕清代學者往往將校勘、考據和注解等工作同時進行，由於校勘於前章已有提及，故本章著重在注釋與補缺。注釋主要是透過相關史料來補充說明古文意義，是力求溝通史書的重要手段。與注釋相關聯，補缺也是運用史料，針對史書內容或體例的不完備進行補充，力求史書內容能完整呈現歷史事實的另一手段。

　　注史與補表志的起源甚早，在中國史學史中，爲史書作注起源於《春秋》三傳，即公羊、穀梁以及左傳三傳作者。可是這些注解還不夠全面，大多侷限於原文

〔註1〕鄭樵，《通志・藝文略》（台北：新興書局，1963），頁758～759。
〔註2〕《廿二史考異・序》，頁1。
〔註3〕《中國近三百年學術史》，頁291。

內容，注其音義、名物、典故、地理、典制等，較少涉及其他方面。這種情形自裴松之注《三國志》後，有了極大變化，他以「繪事以眾色成文，蜜蜂以兼採爲味」的精神，博採各方史料，注解補充陳壽作史之缺，是第一位補注《三國志》的人。不過此後《三國志》研究者著重於改編，未能博引尚存史籍注史，以致注解《三國志》的工作延宕了千年，才由清人再度展開。

至於，正史的表志雖源於司馬遷、班固，但史書是否有表，卻成爲爭論的焦點。劉知幾認爲史書應「文尚簡要，語惡繁蕪」，《史記》既有本紀、世家、列傳，「而重列之以表，成其煩費，豈非謬乎」？〔註4〕他從簡要的觀點，不完全否定表的存在作用，認爲「使讀者閱讀方便，舉目可詳，此其所以爲快也」。〔註5〕但此後，正史除《新唐書》外，諸史都無表，連帶的補表志也一直未盛。直到宋代，陳子文《補漢兵志》、熊方《補後漢書年表》，這兩部被梁啓超稱爲「補表志之祖」才出現。〔註6〕可惜的是，宋人所補的表志，流傳至今的甚少，而且沒有一部是補《三國志》表志的。所以大規模爲三國作表志應始於清人，發端於萬斯同，其後更有補三國職官、食貨、郡縣、藝文等。當然這股風氣與表志地位的變化有相當關係。表志到了清代有了轉變，萬斯同以爲「馬、班史皆有表，而後漢、三國以下無之。劉知幾謂得之不爲益，失之不爲損。不知史之有表，所以通紀、傳之窮者。有其人已入紀、傳而表之者，有未入紀、傳而牽連以表之者。表立而後紀、傳之文可省，故表不可廢。讀史而不讀表，非深於史者也」。〔註7〕朱彝尊爲萬斯同《補歷代史表》作序時，稱表能「攬萬里於尺寸之內，羅萬世於方冊之間」。又指出「俾覽者有快於心，庶幾成學之助，而無煩費無用之失者」。〔註8〕這段話不僅盛贊《補歷代史表》，也間接說明了表的優點。趙翼也重視史表的作用，認爲「作史體裁莫大于表」，史表的運用不僅使史書精簡，又不致有遺漏之處，「表多則傳自可少」。〔註9〕揭示了表志於史書的重要。然而清人採用哪些資料、有何撰述特點、方法，以及對《三國志》的貢獻與缺失都是今人甚少論及之處，故本章就清人補注《三國志》的工作加以探討，分析、歸納其特點。

〔註4〕 《史通通釋・表歷》，頁53。
〔註5〕 《史通通釋・雜說上》，頁466。
〔註6〕 《中國近三百年學術史》，頁284。
〔註7〕 《清史稿・萬斯同傳》，頁13346。
〔註8〕 朱彝尊，《補歷代史表・序》，收入於《景印文淵閣四庫全書》402（台北：商務印書館，1983），頁10。
〔註9〕 《廿二史箚記》卷二十七〈遼史立表最善〉，頁365。

第一節　清人的補注特點

　　清人的補注方法以何爲要？「於正史尤精兩漢」的錢大昭有段話十分具有代表性，「嘗謂注史與注經不同，注經以明理爲宗，理寓於訓詁，訓詁明而理自見。注史以達事爲主，事不明，訓詁雖精無益也」。〔註 10〕認爲注史應以「達事」爲主，即讓史事明白呈現，不然光談「訓詁雖精無益也」。仿裴松之注《三國志》的侯康，嘗曰：「注古史與近史異，注近史者，諸書大備；注古史者，遺籍罕存。當日爲唾棄之餘，今日皆見聞之助，宜過而存之」。〔註 11〕指出注補史書要博引各方材料，尤其是「遺籍罕存」的情形下，即使是「唾棄之餘」，都是「今日皆見聞之助」，應當予以保存。不過，這種注補史書的工作，並不是單純博引群書而已。杭世駿深知個中甘苦，他說：「詮釋之學，較古昔作者爲尤難。語必溯原，一也。事必數典，二也。學必貫三才，而窮七略，三也」。〔註 12〕又曰：「爲之箋與疏者，必語語核其指歸，而意象乃明，必字字還其根據，而佐證乃確。才不必言，夫必有什倍於作者之卷軸，而後可以從事焉」。〔註 13〕這樣的工作若非學識淵博，博覽群書者很難找到相關史料，加以補充注解。倘若補注的史書距離補者太遠，其間的隔閡更需耗費心力弭補。世駿補《三國志》時就遇到這樣的問題，他書信與張曦亮求教，談到自己補注《三國志》時，「其間疑意累累，以臆妄解，略得一二。後問太鴻（厲鶚），便知溺攘、落度之說。昨者酒座未罄所談，退謹疏明其辭，以附尖記室。舍其大而重問其細，諒吾子不以是爲鄙也」。〔註 14〕無疑地，補注史書是費力也不易動筆的工作。在這樣的努力下，清人補注《三國志》有極爲突出的表現。而補注的方法，以下列三種爲主。

一、博覽群書

　　清人補注《三國志》的著作甚多，與前人補史的最大不同就在於運用史料的廣泛。正如王鳴盛批評宋人熊方的《後漢書年表》所說，此書「一據范、劉舊文，不敢復取他說，今觀其取材於范、劉外，惟《三國志》，其餘一無所采，誠爲固陋」。〔註 15〕前人注補多僅用正史，以致闕漏不足處甚多。而清代史家不然，他們利用眾多的類書與其他史料，重新補《三國志》之缺。以洪飴孫的《三國職官表》爲

<hr />

〔註 10〕　《清史稿·錢大昭傳》，頁 13235。
〔註 11〕　《清史稿·侯康傳》，頁 13286。
〔註 12〕　《道古堂文集》卷八〈李義山詩注序〉，頁 280。
〔註 13〕　《道古堂文集》卷八〈李太白集輯注序〉，頁 278。
〔註 14〕　《道古堂文集》卷二十〈與張曦亮書〉，頁 406。
〔註 15〕　《十七史商榷》卷三十八〈後漢書年表〉，頁 243。

例，他自稱「改志爲表，庶幾集三國之異同」，以「期詳備而已」。爲求詳備，「明知去之始當於史裁，故書非附於正史者，亦逐列而存之」，引書不限正史。〔註 16〕《續修四庫提要》稱「是書博考《後漢書》以後諸正史本紀志傳，綴輯成編。致力既勤，用心尤苦，且兼及《通典》，併《藝文類聚》諸類書，如《太平御覽》、《冊府元龜》之屬，《水經注》，地志等均不遺」。今略考其引用書目，遠比《續修四庫提要》所言還多。茲開列引用文獻如下：

作　　者	書　　名	出　處　頁　數
（後漢）班固	《漢書》	魏相國條，頁 1265
（後漢）張衡	〈東京賦〉	魏上林苑令條，頁 1388
（西晉）陳壽	《三國志》	諸條可見
（南朝宋）范曄著、司馬彪補志	《後漢書》	魏丞相奏曹條，頁 1284
（南朝梁）沈約	《宋書》	魏丞相中衛將軍條，頁 1266
（南朝梁）蕭子顯	《南齊書》	魏丞相舍人條，頁 1287
（唐）張九齡	《唐六典》	魏丞相騎兵掾條，頁 1283
（唐）魏徵等	《隋書》	吳太尉條劉毅，頁 1303
（宋）歐陽修	《新唐書》	蜀太尉條上官勝，頁 1303
（唐）歐陽詢	《藝文類聚》	魏司空條，頁 1306
（宋）李昉	《太平御覽》	魏撫軍都尉，頁 1286
（唐）虞世南	《北堂書鈔》	吳大司馬條，頁 1290
（唐）徐堅	《初學記》	魏太尉條，頁 1302
（宋）王應麟	《玉海》	華林園令條，頁 1360
（宋）王欽若	《冊府元龜》	魏太史令，頁 1326
（唐）杜佑	《通典》	魏相國條，頁 1265
（元）鄭樵	《通志》	魏征虜將軍條劉賢思，頁 1533
（後漢）應劭	《漢官儀》	驃騎將軍長史條，頁 1491
（北魏）楊衒之	《洛陽伽藍記》	魏城門校尉司馬條，頁 1479
（宋）史能之	《咸淳毘陵志》	吳典農校尉條，頁 1381
（元）劉大彬	《茅山志》	吳立信校尉條杜契，頁 1591

〔註16〕《三國職官表・序》，頁 1263。

作　　者	書　　名	出　處　頁　數
（東晉）常璩	《華陽國志》	魏丞相參軍條耿融，頁 1277
（宋）樂史	《太平寰宇記》	魏駙馬都尉條甄像，頁 1348
（唐）李吉甫	《元和郡縣圖志》	魏司隸校尉條，頁 1628
（北魏）酈道元	《水經注》	蜀虎步監條，頁 1345
（唐）房玄齡	《晉書》	魏丞相參軍條劉邁，頁 1278
劉淵林	《魏都賦注》	魏太常條，頁 1319
（魏）曹丕	《文帝集》	魏太學博士條鹿優，頁 1324
（清）吳騫	《國山碑考》	吳尚書令條丁忠，頁 1433
（清）錢大昕	《廿二史考異》	魏太常條任晏，頁 1320
（唐）顏師古	《漢書敘例》	魏太中大夫條蘇林，頁 1351
（魏）何晏	《論語集解》	魏駙馬都尉條何晏，頁 1348
（清）畢沅	《中州金石志》	魏尚方令條，頁 1390
（晉）晉灼	《漢百官表注》	魏散騎常侍條，頁 1414
（北宋）司馬光	《資治通鑑》	魏征東將軍條，頁 1503
（南朝梁）梁元帝	《金樓子》	魏許昌典農中郎將條充奉，頁 1378
（劉宋）劉義慶	《世說新語》	吳大司馬條諸葛靚，頁 1291
（唐）林寶	《元和姓纂》	吳忠散大夫條將匠或，頁 1353
不　　詳	《詩》	魏太學博士條周元明，頁 1326
不　　詳	《統記》	魏郡太守條，頁 1635

　　分類來看，正史有《漢書》、《後漢書》、《晉書》、《宋書》、《南齊書》、《隋書》、《新唐書》；類書有《藝文類聚》、《太平御覽》、《北堂書鈔》、《初學記》、《玉海》、《冊府元龜》；政書有《通典》、《通志》、《漢官儀》、《唐六典》；地志有《洛陽伽藍記》、《咸淳毗陵志》、《茅山志》、《華陽國志》、《太平寰宇記》、《元和郡縣志》、《水經注》；詩文有〈東京賦〉、《魏都賦注》、《文帝集》；前人研究成果有吳騫《國山碑考》、錢大昕《廿二史考異》、畢沅《中州金石志》、晉灼《漢百官表注》；還有《資治通鑑》、《金樓子》、顏師古《漢書敘例》、何晏《論語集解》、《世說新語》、《元和姓纂》、《統紀》、《詩》，以及相關碑文如〈國山碑〉、〈上尊號碑〉、〈橫海將軍碑〉、〈王基碑〉、〈黃龍甘露碑〉、〈魏太保任公神道碑〉等等。總計引用正史七種，類書六種、政書四種、地志七種、詩文三種、前人成果四種，還包括《資治

通鑑》等書與相關碑文。他從這些書籍中細心地檢核、收集相關史料補注入書,如果從史學就是史料學,沒有史料就沒有史學的觀點出發,此書所以能有如此豐富、詳細的內容,與旁徵博引諸書顯然有密切關係。

除了洪飴孫的著作外,其他補史類著作亦大體如此。李慈銘稱杭世駿的《三國志補注》「所采大半自《世說注》、《水經注》、《太平御覽》及漢晉諸書」。〔註17〕稍後的趙一清,引用書目也不侷限於《後漢書》、《晉書》等正史,熟悉地理的他還採用《水經注》、《太平寰宇記》、《元和郡縣圖志》等地志記載。嘉道時期的侯康補注《三國志》時,參用不少著作,有《後漢書》、《宋書》、《晉書》、《華陽國志》、《世說新語》、《水經注》、《通典》、《史通》、《通鑑考異》等史籍,以及《太平御覽》、《北堂書鈔》、《藝文類聚》、《初學記》、《文館詞林》等類書。還從金石書籍中引用不少珍貴碑文,如〈禪國山碑〉、〈置百石卒史碑〉、〈祀孔廟奏銘〉等。〔註18〕洪亮吉《補三國疆域志》運用的史料,則「本郡國志、《宋書·州郡志》、《晉書·地理志》旁及《水經注》、《通典》、《元和志》、《寰宇記》」。〔註19〕周廣業自序《季漢職官考》,曰:「後之稽官制者,惟知採諸魏氏,而於季漢反不之及,……爰取《蜀志》、《華陽國志》諸書所載,參考傳記,闕疑補佚……聊以存一代之遺聞,踵二京之令緒焉」。〔註20〕清人博採諸書,收集相關史料,從中保存不少珍貴的資料。

二、異則存疑

在清人的補史工作中,除了博覽群書的成果外,他們還延續裴松之保存史料的方式,凡它書與《三國志》記載牴牾,或模糊難考,無法做出正確論斷處,多採異則存疑,保留它書說法,以待後考。謹慎與細心的態度為其補注工作增添不少可道之處。如〈武帝紀〉注《續漢書》,曹騰父節。曹操女曹節與其祖同名,後人多有申論,各書也有不同,《太平御覽》引《續漢書》「孝獻皇后名憲」,《藝文類聚》引《續漢書》則是「曹騰父節為萌」。對此,侯康在無有力佐證下,以「諸說差互,未知孰是」,列出諸說以存疑。〔註21〕趙一清遇不同記載時,也不直斷何者為是,而以存疑方式,讓讀者自行評判。如〈祭魏文帝〉文中,他引《藝文類聚》、何焯校本《三國志》以及他版《三國志》,並未直斷何者為是。〔註22〕可見趙一清存異

〔註17〕李慈銘,《越縵堂讀書記》(台北:世界書局,1961),頁207。
〔註18〕《陳壽評傳》,頁172。
〔註19〕王雲五主編,《續修四庫全書提要·史部》(台北:商務印書館,1970),頁41。
〔註20〕周廣業,《季漢職官考·序》,頁2。
〔註21〕《三國志補注續》,頁239。
〔註22〕《三國志注補》卷二,頁48~49。

文以待考的謹慎態度。

　　洪飴孫補《三國職官表》時，遇到諸說相異處，在未有強力佐證，多以存疑待之，如魏太學博士條有樂詳，《宋書・禮志》詳作祥；有馬均，《宋書・禮志》均作鈞；有宋鈞，《晉書・徐苗傳》作鈞，而《隋書・經籍志》作均。〔註 23〕持書侍御史條有荀昱，《北堂書鈔》引《魏氏春秋》作荀寓。〔註 24〕都是與《三國志》內容互異之處，飴孫都選擇存疑待考。這種存疑、存異的方法至今仍為學界廣泛採用。

三、廣記調查資料

　　注重實踐，反對憑空臆測是清人治學的態度與方法。他們引用不少他人的研究成果，更有不少身體力行的調查成果。如何焯論官渡所在時，不只引《北征記》，還親歷其地，看到「袁紹、曹操壘尚存焉，在今鄭州中牟縣北」。〔註 25〕又如孫休葬定陵，《三國志》內未載定陵所在。朱彝尊言：「順治中，海寧邵灣山居民穴地得隧道，行數百步，道窮有碑，乃孫休陵也」。來到此地，作了詳細觀察，將具體情形完整敘述，「冶銅為門，門有獸環，兩狻猊夾門左右，堅不可入」。〔註 26〕而注重金石的錢大昕，其所到之處，「蒼苔白石之間，有題字者，隱約可辨者，必熟視審諦，摩挲卒讀，旋急命工人拓歸，以證史傳異同」。〔註 27〕當「乾隆時洛陽人墾土得斷碑」，「錢竹汀諸人審係王基碑，考之傳多合」。〔註 28〕親赴當地考證碑文，與《三國志》內的記載相較。

　　至於他人的研究成果，清人亦多採用。趙一清《三國志注補》內有顧炎武、顧祖禹、姜宸英、朱彝尊、閻若璩、李光地、何焯、陳景雲、全祖望等諸家說。〔註 29〕具有集解性質的《三國志旁證》，書中引用大量古籍外，還有何焯、陳景雲、杭世駿、趙一清、錢大昕、王鳴盛、趙翼、錢大昭、洪亮吉、洪飴孫、潘眉、沈欽韓、侯康等研究《三國志》的專著，以及顧炎武、梁同書、姜宸英、朱彝尊、翁覃溪、邵晉涵、紀昀、李光地、梁玉繩、凌廷堪、林暢園、全祖望、鄭蘇年、胡果泉

〔註 23〕《三國職官表》卷上，頁 1324～25。

〔註 24〕《三國職官表》卷中，頁 1482。

〔註 25〕《義門讀書記・三國志》，頁 205。

〔註 26〕《三國志旁證》卷二十七引朱彝尊語，頁 698。

〔註 27〕錢東壁、錢東塾，〈竹汀府君行述〉，收入於《嘉定錢大昕全集》壹，（南京：江蘇古籍出版社，1997），頁 15。

〔註 28〕周壽昌，《三國志證遺》卷二，收入於《叢書集成新編》113（台北：新文豐，1984），頁 479。

〔註 29〕鄭天挺，〈杭世駿三國志補注與趙一清三國志注補〉，收入於《清史探微》（北京：北京大學出版社，2001），頁 195。

等未成專著的諸家研究成果，大約書中有姓名的就有五十餘人。〔註30〕梁章鉅的《三國志旁證》幾乎網羅了道光以前的《三國志》研究成果。而補志類專書由於缺乏前人研究，所以不似補注類可以旁徵他著，但只要是相關成果，多能一一考稽，善加利用，像上述洪飴孫的《三國職官表》就引吳騫《國山碑考》、錢大昕《廿二史考異》、畢沅《中州金石志》、晉灼《漢百官表注》等完成此書。

清人之所以能補充魏晉時期有關三國歷史的記載、異文、調查成果以及前人研究，正由於他們的編纂方式：博採群書、異則存疑、廣記調查資料。而這種方式其實是繼承了司馬遷著史的精神。司馬遷著《史記》不僅廣採群書，還有親身調查的記載，完成了不朽的《史記》。清人在這種史學精神下，也呈現出豐富的研究成果。

第二節　補注的內容

清人如何注補《三國志》呢？又有哪些內容呢？至今為止，未有深入研究，正因為如此，常讓人感到他們只是針對陳壽與裴松之的缺失作些補充、考證。實際上，清人注補《三國志》並不只有補充、考證，而是有系統，多元地補注史書。從各種《三國志》補注來看，可以發現有一套型式代表著他們的史例。下文就由補注形式與內容，探討清代學者注補《三國志》的情形。

一、補注的形式

在各種補注《三國志》研究中，清人使用的注釋形式大致有：

（一）引文：

如《某書》曰、《某志》云、《某記》載、某人云等等，這類主要屬於引文部分，即引它書、他說來補充或注解史事、人物、地理、典制。

（二）案語、自言：

清人在引文的前後，有時會加案語或考字，也有不加字而直述己見的。這是對《三國志》內容或引文有所質疑時，進行校勘、考證、評論的部分。若有案字，則案是承上啟下的中介語，案字以下多為補者所言，不僅澄清史事，還為自己的評論提供依據。

（三）互見：

如趙一清曰：「（劉）表尚有小子，名脩字季緒，見〈陳思王傳〉注」。以此補〈劉表傳〉之不足。錢大昭謂：「姚信，寶鼎二年為太常。張悌，字巨先，襄陽

〔註30〕《陳壽評傳》，頁173。

人，見〈皓傳〉。郭逴，未詳。薛瑩，附〈綜傳〉。滕修疑即滕循。陸喜，附〈瑁傳〉。玄、邵、抗自有傳」。〔註31〕將陸凱上書所稱人物，一一釐清補充。王鳴盛曰：「劉岱字公山，孔伷字公緒，見〈太祖紀〉」。〔註32〕皆溝通《三國志》內各傳之舉。此外，尚有與它書互相參看，如陳到的事蹟，侯康就言：「（陳）到汝南人，官征西將軍，見《華陽國志》」。這種互見方式主要溝通紀傳與諸書之間，讓讀者閱覽《三國志》能更清楚的了解人物、史事等。

再深入觀察這三種補注形式，不難發現，它的內容十分全面，為了方便說明，下文列表輔助。

形 式	與《三國志》的關係	對 象
引文	補充、備異、注解	補《三國志》正文、注文之缺
案語、自言	校勘、考證、評論	校勘正文、注文的衍、訛、脫、倒 考證正文、注文的錯誤 評論人物、史事、史書
互見	溝通	《三國志》各紀傳、正文與注文以及《三國志》與它書

當然不是每位注補《三國志》的清代學者都如此使用，如校勘，有人以宋本所言為依據，故言宋本作「某」，這算是引文形式。但除校勘外，清人的注補形式不外乎此。因此從上表仍可看到，清人補注的多元與全面。而這種史例也根據各種不同需要，容納不同見解、說法，自然能產生最佳效果。

二、補注的內容

如上所述，清人的補注包括補充史事、考證史實、評論歷史、校勘內文、注解文字、溝通相關史料等。鄭天挺先生研究杭世駿《三國志補注》與趙一清《三國志注補》，歸納兩家對《三國志》的補充內容，包括地理、音義、典制、人物、史實、雜事、異聞、考證、校讎、典籍等。〔註33〕這樣豐富的補注內容也反映在補表補志類的研究。從《三國職官表》的內容來看，「卷上為相國諸公九卿，太后三卿附，官屬均具。卷中為將作大匠、太子二傅，官屬均具侍中、尚書台、中書省、秘書省、領軍、護軍、武衛、中壘將軍、屯騎諸校尉、御史、都水符節諸台，至殿中監。卷三為驃騎諸將軍、諸中郎將、戊己諸校尉、撫軍諸都尉、都督諸州軍事、

〔註31〕《三國志辨疑》卷三，頁10。
〔註32〕《十七史商榷》卷四十〈刺史不當稱字〉，頁251。
〔註33〕〈杭世駿三國志補注與趙一清三國志注補〉，收入於《清史探微》，頁196。

監軍護軍，及司隸諸州郡縣、諸王宮侯國官」。〔註 34〕似乎在搜羅舊籍，「志其居官之人」。然此書內容並非單純舉官列人而已。飴孫在書中也探討職官沿革、職掌以及品級。「大略則踵前代者，因而不言，創一職者，有而必著」，是辨職官創置與沿革。「參用公卿表之例，志其居官之人，將以驗此官之有無」，是考職官存否與執掌。而「記其遷轉之階，即以較諸職之高下」，是論其品階高低。「公卿以下可考者，因並錄焉」，則是補幕府組織。〔註 35〕此外，居官人物之名如有記載不同者，多羅列存疑或取可信。因此清人對《三國志》是全面性補充，而不侷限於一面。除上兩章的校勘與評論外，尚可分為補裴注之缺、考《三國志》內容之誤以及注釋解說三者。〔註 36〕本節就以此為主，深入探討他們的成果。

（一）補裴注之缺

清代補注《三國志》，其中之一就是針對裴注而起，凡裴松之未注又當注者，盡可能引書補注；裴注已有卻未詳，盡可能予以申論。如〈王昶傳〉謂齊王芳使王昶撰《百官考課事》，《三國志》並無具體內容，而裴松之也未加以補充，杭世駿引《太平御覽》曰：「尚書、侍中考課，一曰掌建六材以考官人，二曰綜理萬機以考庶績，三曰進視惟允以考讜言，四曰出納王命以考典政，五曰明罰敕法以考典刑」。〔註 37〕將王昶所作〈百官考課事〉的大致內容作一補充說明。又如曹魏的屯田是深受學界關注的焦點之一，裴松之注〈武帝紀〉中的屯田事時，僅引王沈《魏書》補充屯田的時間與效果，卻對屯田官未有敘述。趙一清於是引《後漢書・百官志》：「曹公置典農中郎將，秩二千石；典農都尉，秩六百或四百石；典農校尉，秩比二千石，所主如中郎。部分別而少，為校尉丞」。〔註 38〕明確說明了屯田官的職稱與秩級。洪飴孫對此職也有精闢解說，於典農中郎將條，稱：「典農中郎將，郡縣有屯田者置，二千石，第六品，主屯田，建安元年太祖置」。〔註 39〕後文更引《三國志》、《晉書》、《通鑑》與《冊府元龜》的記載，論述郡國列置田官指得是典農中郎將、典農校尉、典農都尉，是各郡皆有典農也。又詳述屯田官的興廢與隸屬，「咸熙元年，罷屯田官，諸典農皆為太守，都尉皆為令長，則置典農中郎將或校尉，是因郡國大小之別」。又曰：「典農屬大司

〔註 34〕《續修四庫全書提要・史部》，頁 2894。
〔註 35〕《三國職官表・序》，頁 1264。
〔註 36〕清人補注《三國志》包括校勘、評論，但由於上兩章已有敘說，故不在本章論說之內。
〔註 37〕《三國志補注》卷四，頁 1002。
〔註 38〕《三國志注補》卷一，頁 10。
〔註 39〕《三國職官表》卷上，頁 1376。

農」。〔註40〕把典農一職的興衰躍然於紙地呈現。

　　此外，由於裴松之生活的劉宋時期，近世且制度猶存，當時人讀《三國志》時尚能理解某段記載的意義，裴松之因而未注。這種裴注未注，清人未詳的情形，清代學者也盡可能予以申論、補充。如《文帝紀》注有「帝怒遣刺姦就考」，刺姦一職於劉宋尚存，裴松之未注，趙一清則引《宋書‧百官志》：「刺姦主罪罰」。〔註41〕說明刺姦一職的職務。同樣的詳細補充可見於曹魏持節都督。洪飴孫稱：「持節都督，無定員，第四品。官品名州領兵刺史。太祖爲漢丞相實有督軍扈質，督十軍二十軍者，始號都督。文帝黃初三年始置，都督諸州軍事，領刺史。使持節爲上，持節次之，假節爲下。使持節得殺二千石以下，持節殺無官位人，若軍事得與使持節同。假節惟軍事得殺犯軍令者」。〔註42〕文後又分述各類都督，如都督中外、都督水軍、都督中軍宿衛禁兵等列爲不常置都督；都督揚州、淮北、青徐爲征東將軍所部；都督豫州、荊州、江北爲征南將軍所部；都督關中、隴右、雍涼爲征西將軍所部；都督河北，兼轄冀幽并三州軍事，則爲征北將軍所部。又有都督沙丘部的督漕官等。儘管部分內容值得商榷，〔註43〕但這樣的敘述讓我們對曹魏都督的性質與職權有更深入的了解，足見用功之深。再如《武帝紀》建安十年載：「冬，作銅雀台」。因近世且其制猶存，或非要事而未注。時至千年後，遺跡未存的清代，能了解的人越來越少，趙一清遂引《水經注》補注，曰：「鄴城之西北有三台，其高若山，魏武所起。中曰銅雀台，高十丈，有屋百餘間。台成，命諸子登之，并使爲賦。陳思王下筆成章，美捷當時。南則金虎台，高八丈，有屋一百九間。北曰冰井台，亦高八丈，有屋一百四十間，上有冰室，室有數井，井深十五丈，藏冰及石墨焉。石墨可書，又燃之難盡，亦謂之石炭。又有粟窖及鹽窖，以備不虞，今窖上猶有石銘存焉」。〔註44〕不僅對銅雀台的具體情形與相關史事作了敘述，還兼敘金虎台、冰井台的情形。而其中的石墨即後世所稱的煤炭，可知此時已運用於室內，這更是珍貴的科學史料。

〔註40〕《三國職官表》卷上，頁 1377。

〔註41〕《三國志注補》卷二，頁 36。

〔註42〕《三國職官表》卷下，頁 1602。

〔註43〕例如都督官品名爲州領兵刺史就是一例，據嚴耕望、高敏等人的研究，領兵刺史指得是刺史加將軍號，並非加都督銜，都督官品名爲州領兵刺史應當是飴孫曲解所致。詳見嚴耕望，《中國地方行政制度史上篇—卷中：魏晉南北朝地方行政制度》（台北：中央研究院，1958），頁 242。高敏，《魏晉南北朝兵制研究》，（河南：大象出版社，2000），頁 33。陳長琦，《兩晉南朝政治史稿》，（河南：河南大學出版社，1992），頁 280。

〔註44〕《三國志注補》卷一，頁 20～21。

在地理方面，清人擅長者不少。決定北方大勢的官渡之戰，官渡一地在哪？何焯引《北征記》「中牟臺下臨汴水，是為官渡，袁紹、曹操壘尚存焉，在今鄭州中牟縣北」。〔註45〕詳細指出官渡位於何處。又如〈先主傳〉謂建安十七年「先主逕至關中」。這裡的關中，不是函谷關以內之地，趙一清特注曰：「關中，謂白水關也」。並與清代地名對照，指出「在四川昭化縣北二百五十里，與陝西寧羌州接」。〔註46〕錢大昕補三國地理頗有發明，〈韓當傳〉記韓當領「永昌太守」。大昕補之曰：「永昌郡屬益州，蓋遙領之，下文領冠軍太守，冠軍屬南陽，權亦未有其地」。〔註47〕三國時期遙領之職處處可見，蜀漢政權就有張飛領司隸校尉、李恢領交州刺史等。吳以韓當領永昌太守正是此制，大昕的補充去除了人們對此文的不解。

　　除了地理、典制、故事、校勘、評論以及雜事異聞外，清代學者還補充人物。劉備敕後主遺詔中有射君一名，何焯引〈上劉備為漢中王表〉「議曹從事中郎，軍議中郎將臣射援」之名，對射君有很好的說明。〔註48〕又如「山陽太守袁遺」，趙一清引《後漢書·袁紹傳》注引《英雄記》所載「紹從弟」。〔註49〕補充袁遺與袁紹的關係。典籍，如裴松之引《吳錄》，一清為之補注，曰：「《隋書·經籍志》晉有張勃《吳錄》三十卷亡」。〔註50〕音義，如「仁風扇鬼區」，趙一清補注云：「鬼區及九區也。古九鬼同字」。〔註51〕觀清人注補內容博採諸書，增裴注所未備，對後人了解，甚至研究《三國志》有極大貢獻。

（二）考《三國志》內容與其他記載的缺誤

　　《三國志》是中國古代頗富盛名的歷史著作，與《史記》、《漢書》、《後漢書》合稱為四史。《三國志》成書後，受到人們不少的批評與讚賞，但這些讚賞與批評多半是一兩句的概括性評判，缺乏全面觀察。清人則深入探討陳壽《三國志》內的史法、史德等（詳見第三章），還對《三國志》以及相關史料的敘述缺失加以指證，不僅使吾人對三國史事、人物有更深的了解外，亦可觀察清代學者的淵博學識與細心考證。

　　《三國志·呂蒙傳》記魯肅卒後，呂蒙鎮守荊州，向孫權分析奪取徐州、荊州之利弊。呂蒙言：「今操遠在河北，新破諸袁，撫集幽、冀，未暇東顧。徐土守

〔註45〕《義門讀書記·三國志》，頁205。
〔註46〕《三國志注補》卷三十二，頁247。
〔註47〕《廿二史考異》卷十七〈韓當傳〉，頁394。
〔註48〕《義門讀書記·三國志》，頁221。
〔註49〕《三國志注補》卷一，頁5。
〔註50〕《三國志注補》卷四十六，頁295。
〔註51〕《三國志注補》卷二，頁39。

兵，聞不足言，往自可克。然地勢陸通，驍騎所騁，至尊今日得徐州，操後旬必來爭，雖以七八萬人守之，猶當懷憂。不如取羽，全據長江，形式益張」。何焯認爲此語大有問題，以爲「尚、熙之死在建安十二年，魯肅沒於十年之後，而此方云新破諸袁撫集幽、冀，不乖錯乎？即蒙陳此計在代肅之先，曹公不得遠在河北矣。甚矣，作史之難也」。〔註52〕何焯直指《三國志・呂蒙傳》的失誤，考證結果是可取的。又如〈曹休傳〉載曹休「遷征東將軍，領揚州刺史，進封安陽鄉侯」。潘眉以〈公卿上尊號奏〉云：「使持節、行都督、督軍，領揚州刺史，征東將軍，安陽鄉侯臣休」。故稱「是延康中所署官爵已如此。本傳載在黃初三年後，似當以碑爲正」。〔註53〕潘眉運用有力史料所做的考證，令人信服。

　　裴注若有不當或訛誤，清人亦詳加辯駁，考證其實。裴松之認爲「《吳歷》云：慈于神亭戰敗爲策所得，與本傳（太史慈傳）大異，疑爲謬誤」。杭世駿則以〈呂範傳〉「範從孫策攻太史慈于勇里」爲佐證，「乃知神亭時慈獲策兜鍪，而勇里時策致慈縲紲也。裴蓋未之深核」。〔註54〕將記載相異之處，不失實地加以貫通，釐清了疑問。又如〈張紘傳〉注稱孫權爲圖徐州，遷都於秣陵，裴松之以爲「秣陵之與蕪湖，道理所校無幾，於北侵利便，亦有何異？而云欲闚徐州，貪秣陵近下，非其理也」。大昕考證到：「秣陵與廣陵隔江相對，而廣陵屬徐州部，權意欲都秣陵以圖廣陵，故云欲圖徐州。裴氏譏之，怠未審於地理矣」。〔註55〕大昕從地理入手，考證裴松之說法的不當，結論合理。再如〈鮮于輔傳〉載鮮于輔爲左度遼將軍，封亭侯。陳壽未書何地之亭侯，裴松之引書注爲昌鄉亭侯。潘眉據〈魏公卿上尊號奏〉考證裴注之誤，他稱：「鮮于輔封南昌亭侯，見〈魏公卿上尊號奏碑〉。武帝十八年紀注作昌鄉亭侯誤」。〔註56〕以近實的碑文記載反駁了裴注，得到可信的答案。

　　清代學者所作的考證，除了針對陳壽本文與裴松之注文外，也對相關史料進行考證，這從補志工作中可以發現。像《三國志》本無職官志，補志時不僅引用《三國志》內文，還多依靠《通典》、《晉書》、《宋書》的記載來說明此官之存否。然而史書記載難免有誤，洪飴孫以《三國志》爲基礎，細心地考辨諸書所言。如魏中郎條「《初學記》、《通典》皆云魏晉以來無三署郎，而本書有中郎、

〔註52〕《義門讀書記・三國志》，頁231。
〔註53〕《三國志考證》卷三，頁453。
〔註54〕《三國志補注》卷六，頁1027～1028。
〔註55〕《廿二史考異》卷十七〈張紘傳〉，頁393。
〔註56〕《三國志考證》卷三，頁449。

郎中，官品復載之，則不應無三署郎也。或自晉以來始無之耳」。〔註 57〕條下更詳列曹魏中郎棧潛、郎中陳肅等，足以辨明「魏晉以來無三署郎」之誤。洪飴孫這種「好學深思、實事求是」的個性又可從平北將軍條、都水使者條得到印證。《宋書·職官志》稱平北將軍，魏世置。他據《三國志》的記載，認為「建安十年張燕為此官，則非魏時始置也。宋志誤」。〔註 58〕又魏都水使者一職，晉宋志、《通典》皆云晉武帝始置，飴孫引《水經注》記載「太和五年都水使者陳協勒石」。則此非晉武始置由此可知。〔註 59〕

　　根據上述內容可以發現，清人補注範圍相當廣泛，既有《三國志》正文與注文，也有各種相關史料。考證的根據比起考證內容更加多元，除了大量的文獻記載，還有民間傳聞、實物、實地勘察等等。他們掌握了豐富的知識，以此旁徵博引，發現問題，細心考證。當然清代研究《三國志》的學者們也有疏漏，考證失實的地方，但他們求實的原則，無疑地對後代研究《三國志》者起了積極的作用與影響。

（三）注釋解說

　　清人注補《三國志》除上述內容外，對語詞、名物等方面也作了注釋，而這種注釋就是古代的訓詁工作。孔穎達稱：「詁者，古也；古今異言，通知使人知也。訓者，道也；道物之貌以告人也」。清末學者陳澧更具體說出注釋的重要性，「時有古今，猶地有東西南北。相隔遠，則言語不通矣。地遠，則有翻譯；時遠，則有訓詁。有翻譯，能使別國如鄉鄰；有訓詁，則能使古今如旦暮」。〔註60〕而且「箋注名物，訓釋文義，裴注間有之而不詳」。為了溝通今人與古人，也為了彌補裴注之缺，清代學者有不少注釋解說，其中又以語詞、名物、典故、人物居多，今分述如下：

　　語詞的注釋。如〈三少帝紀〉注引《世語》載：「王沈、王業馳告文王，尚書王經以正直不出，因沈、業申意」。何焯稱：「正直，謂正當入直也」。〔註 61〕案何焯此言可從〈夏侯玄傳〉得到證明，許允「與陳國袁懬對，同坐職事，皆收送獄。詔旨嚴切，當有死者，正直者為重」。以何焯之語入，即是許允因當職，被處重刑，而非今日所說的行為端正。試想量刑判法多以責任為依，品行正直與判刑又有

〔註 57〕《三國職官表》卷上，頁 1334。
〔註 58〕《三國職官表》卷下，頁 1524。
〔註 59〕《三國職官表》卷中，頁 1485。
〔註 60〕陳澧，《東塾讀書記》卷十一〈小學〉（台北：世界書局，1961），頁 1。
〔註 61〕《三國志集解》引何焯語，頁 181～182。

何干係呢？以此推之，何焯之注甚是。又如〈呂布傳〉：「陳元龍湖海之士，豪氣不除」。何焯解釋道，「豪氣謂驕氣，彼時謂驕爲豪，畢軌在并州，名爲驕豪是也」。〔註62〕何說可據《漢書‧食貨志》得到印證。《漢書》載：「大賈商家不得豪奪吾民矣」，顏師古注曰：「豪謂輕侮之也」。連結〈呂布傳〉言陳登事的上下文，就更清楚了。「備問汜：『君言豪，寧有事邪』？汜曰：『昔遭亂過下邳，見元龍。元龍無客主之意，久不相與語，自上大床臥，使客臥下床』」。正因爲陳登的無禮，許汜才稱其「豪氣不除」。豪氣在當時是不好的用詞，指待人有驕氣，會欺侮人，透過這樣的注解避免了誤會，也使人們更了解史書內容。

何焯之後的清代學者對於這些時人不見能有正確認識之處，也多予以補充。如〈諸葛亮傳〉注引《魏略》：「庶先名福，本單家子」。錢大昕透過《魏略》各傳，以爲「凡云單家者，猶言寒門，非郡之著姓耳。徐庶爲單家子，與此一例。流俗讀單爲善，疑其本姓單，後改爲徐，妄之甚矣」。〔註63〕考〈王肅傳〉注引《魏略》：「而夏爲單家」。〈張既傳〉注引《魏略》：「既世單家」。可見單家爲漢晉之際的用詞，意指家世微寒之人。

名物的注釋。如〈賀齊傳〉載：「徐盛被創失牙，其引兵拒擊，得盛所失」。趙一清補注曰：「牙謂牙旗也。權作黃龍大牙，見〈胡綜傳〉」。〔註64〕案史書非重大事件不載，「被創失牙」後人有妄自校改爲「被創失矛」，此乃不明失牙爲何所致，一清在此補充牙字意義，減少後人的誤會。又〈魏延傳〉注有「橫門邸閣」，邸閣之名於清已甚少應用，潘眉特引《三國志》內的相關記載，爲邸閣一詞作注，謂「邸閣，貯糧之所也」。〔註65〕清楚說明邸閣爲何。

典故的注釋。如先主劉備告劉禪：「勿以惡小而爲之，勿以善小而不爲」。杭世駿引《賈誼新書‧審微篇》「善不可謂小而無益，不善不可謂小而無傷」，說明劉備此語的起源。〔註66〕又劉靖上疏稱曹魏太學「雖有其名而無其人，雖設其交而無其功」。錢大昭特引《典略‧儒宗傳》，爲之注曰：「弟子本以避役，竟無能習學，冬來春去，歲歲如是。學校如此，廢弛已極，劉靖所以有此疏也」。〔註67〕又如〈鄭渾傳〉載「重去子之法」。潘眉注曰：「《零陵先賢傳》云：『漢末多事，國用不足，產子一歲輒出口錢，民多不舉子』。蓋是時民窮財盡，懼出口錢，因不舉子。

〔註62〕《三國志旁證》卷九引何焯語，頁202。
〔註63〕《諸史拾遺》卷一〈諸葛亮傳〉，頁4。
〔註64〕《三國志注補》卷六十，頁367。
〔註65〕《三國志考證》卷六，頁481。
〔註66〕《三國志補注》卷五，頁1011。
〔註67〕《三國志辨疑》卷一，頁20。

鄭渾先課耕桑，開稻田，令其豐給，無不舉育，法之善者也」。〔註68〕將其本末道來，使人觀之一目瞭然。

人物的注釋。如〈廢李平表〉中有「行前監軍、征南將軍臣劉巴」。盧明楷從史實來看，認為「此別一劉巴，若劉子初，已卒於章武二年，且並未嘗為征南將軍也」。〔註69〕又如〈蔣琬傳〉載：「琬固讓劉邕、陰化、龐延、廖淳」。〈李嚴傳〉：「（李）平遣參軍狐忠」。廖淳與狐忠為誰？史皆有載，只是未明。潘眉補注曰：「廖淳即廖化，〈宗預傳〉『廖化字元儉，本名淳』」。〔註70〕四庫館臣也注釋狐忠，「狐忠即馬忠，少養外家，姓狐，後乃復姓」。〔註71〕明白指出這些人物，使人更了解三國人物事蹟。

整體來說，清人的《三國志》研究工作，除上兩章談到的校勘、評論外，主要就是補闕、考證與注釋三類，這種注法實是因襲裴松之注，是注史的最好方法。清人注重實學，致力於基礎、踏實的工作，補史正是他們的努力之一。就呈現的成果來看，補充史實、注解文字、考訂《三國志》的缺失等，用心之良苦，值得稱許。

第三節　清人《三國志》補注的問題

清人補注《三國志》的確有不少卓越成果，對《三國志》所缺的表志與內文作了大量補纂，彌補舊史的不足外，也為後人的研究提供了方便。然「昔江淹有言，修史之難，無出於志。誠以志者，憲章之所繫，非老於典故者，不能為也」。〔註72〕史書最難者，莫過於表志的修纂，尤其在一千多年後典籍已多散失的清代，要再補注《三國志》，是非常困難的。洪亮吉《補三國疆域志》序中，提出補三國地理的十難，內容謂「三國無志，事出帝紀雖立郡時見，而置縣不書」，而後代史書「上論沿革每自漢越晉，中關三國不書」，且內容「彼此互異」、「沿革舛誤過半，是後無所據」。〔註73〕著《三國職官表》的洪飴孫，亦知此項工作的甘苦，他稱：

> 承祚之史既略而不詳，世期之注復雜而無準。上則班表劉注，存限
> 制而不及後來，下則晉志宋書，志本朝而罕先代。躊躇其際，撰述為
> 難。夫言官制者，或因或創，班氏既有成規，乃志典午者，略古漏今，

〔註68〕《三國志考證》卷四，頁463。
〔註69〕《三國志旁證》卷二十四引盧明楷語，頁612。
〔註70〕《三國志考證》卷六，頁484。
〔註71〕《三國志旁證》卷二十四引殿本《考證》，頁612。
〔註72〕《通志・總序》，頁2。
〔註73〕《補三國疆域志・序》，頁2997。

蕪疏全無師法，考古者所以廢書而嘆也。〔註74〕
清代學者補注《三國志》的用力之勤雖讓人激賞，然以一人之力從事如此龐大的工作，難免挂一漏萬，出現值得討論的地方。《四庫提要》評杭世駿《三國志補注》「大抵愛博嗜奇，故蔓引厄詞，多妨體要」。〔註75〕《續修四庫提要》稱洪亮吉《補三國疆域志》「搜採捃拾，殊爲不易」。〔註76〕熊德基在〈九品中正制考實〉一文中對《三國職官表》內容的缺失作一簡評，指出此表有斷限不明、以官品代替祿秩兩個問題。〔註77〕今檢清人注釋、補充《三國志》的內容，前人評論堅實可信，筆者更進一步談論不足之處。

一、體例與內容的不合

唐史家劉知幾極重史例，在他眼中史書「若不先敘其意，難以曲得其情」，令人不解作史旨趣。還認爲「蓋凡例既立，當與紀傳相符」，否則將導致「題目失據，褒貶多違」。〔註78〕可見史家敘例與內容是否相合是吾人觀察前人史學、史著的重點之一。清人補注史書多有序文，以存其旨，就筆者觀之，序文所言與內容卻不盡相符。欲補裴注之失注的《三國志補注》，內容多爲裴松之未引者，但因未審史料可信與否，「貪多務得」，不知取用標準何在，而被評「體例未免蕪雜」。洪亮吉《補三國疆域志》原是考三國疆域沿革，內容竟有三國事而未載者。如魏咸熙年間平蜀後，將蜀漢國內分置梁、益二州，此時晉尚未代魏，亮吉並未補入書中。〔註79〕這與其序言所言，考三國地理之制，似有未達。又如侯康《三國藝文志》取《隋書·經籍志》之義，然如姚振宗所言：「侯氏以人類書，今依《隋志》之例以書類人。蓋傳記之體以人爲重，簿錄之體自當以書爲重也」。〔註80〕侯康依《隋志》內容分部，卻以人繫書，這與《隋志》以書爲主的內容似有不合，故姚振宗在《補三國藝文志》中特言以明其例。

同樣的，洪飴孫《三國職官表》也有體例與內容略有不合的情形。飴孫開宗明義地表示書中的時間斷限：魏始於建安十八年，蜀始於建安二十四年，吳始於建安

〔註74〕《三國職官表·序》，頁 1263～1264。
〔註75〕《三國志補注·提要》，頁 950。
〔註76〕《續修四庫全書提要·史部》，頁 39。
〔註77〕熊德基，〈九品中正制考實〉，收入於《六朝史考實》（北京：中華書局，2000），頁 210～212。
〔註78〕《史通通釋·序例》，頁 88～89。
〔註79〕《三國志·三少帝紀》，頁 149。
〔註80〕姚振宗，《三國藝文志·序》，收入於《二十五史補編》3（北京：中華書局，1955），頁 5189。

五年。〔註81〕書中一再表示記載的原則，如度遼將軍不取鮮于輔就是因為他是建安五年任左度遼將軍，違反魏始於建安十八年前不載的體例。〔註82〕虎威將軍不取于禁也是因「為此官在建安十一年，今不錄」。〔註83〕但細查全書，書中所收人物不合此例者不在少數。曹魏有建安十八年曹操稱魏公前的已亡之人，如荀彧、郭嘉〔註84〕等，有任此官於建安十八年前，如董昭、許褚〔註85〕、于禁〔註86〕等。蜀國也有建安十五年任征虜將軍的張飛、〔註87〕建安中以軍師將軍為職的諸葛亮，〔註88〕建安十八年任興業將軍的李嚴等。〔註89〕吳國則以孫權嗣位的建安五年為記載開端，時間斷限比起魏、蜀二國較為寬鬆，體例不合的情形大為減少。不過，魏取建安十八年是以曹操任魏公算起，蜀取建安二十四年是由劉備任漢中王為始，兩者都以任王稱公為開端，吳國孫權在建安五年僅任將軍位，與曹操、劉備位極人臣顯有不同，斷限依據為何是值得注意的地方。而且在吳綏遠將軍條稱「孫瑜為此官在建安九年，今不錄」，讓人感到時間斷限的前後不一。〔註90〕可見部分清代學者研究《三國志》時，有體例與內容不合的狀況。

二、引書未能盡考其失

清人趙翼就其言史數十年的經驗，指出「蓋作史之難，不難於敘述，而難於考訂事實，審核傳聞」。〔註91〕的確，著史難在博採群書後，如何去蕪存菁，考核出合乎史實的記載。由於三國史料的零散，清人常以《後漢書》、《晉書》、《宋書》的記載，配以《太平御覽》、《冊府元龜》、《初學記》等類書，為補充、注解《三國志》的依據。此原非不可，可是清人補注史書時，未能盡棄傳聞，存實錄，而是一體補注於書，這種引書未考其失的情形，是清人補注工作的另一缺失。劉知幾在《史通》曾討論三類史注的優缺。而裴松之注的最大缺失是「喜聚異同，不加刊定，恣其擊難，坐長繁蕪」。〔註92〕清人的史注、史補也不免犯了這樣的毛病。以

〔註81〕《三國職官表》卷上，頁 1265。
〔註82〕《三國職官表》卷下，頁 1540。
〔註83〕《三國職官表》卷下，頁 1555。
〔註84〕《三國職官表》卷上，頁 1311。
〔註85〕《三國職官表》卷中，頁 1470。
〔註86〕《三國職官表》卷下，頁 1555。
〔註87〕《三國職官表》卷下，頁 1533。
〔註88〕《三國職官表》卷下，頁 1528。
〔註89〕《三國職官表》卷下，頁 1566。
〔註90〕《三國職官表》卷下，頁 1554。
〔註91〕《陔餘叢考》卷七〈梁陳二書〉，頁 6。
〔註92〕《史通通釋‧補注》，頁 132。

杭世駿的《三國志補注》爲例，四庫館臣論曰：「世駿復綴拾殘膡，欲以博洽勝
之，故細大不捐，瑕瑜互見」。鄭天挺先生稱其：「雜引諸說，不加裁定」，並引
〈文帝紀〉所補的文帝下葬處，認爲諸說「自相牴牾，有疏抉擇」。〔註93〕指出此
書的缺失。《三國志補注》多將《古今刀劍錄》的記載補入書中，然此書不全然可
信，如其載：「黃忠從先主定南郡」。〔註94〕考〈黃忠傳〉黃忠是「先主南定諸
郡，忠遂委質，隨從入蜀」。傳中並載「自葭萌受任，還攻劉璋」，不見「從先主定
南郡」事。況且南郡爲周瑜率軍攻下，非劉備，可見此事之虛妄，不應補注入書。
又「孫皓以建衡元年鑄一劍曰『皇帝吳王』」。〔註95〕既云皇帝又何需加吳王呢？
這種自貶身價的情況於理不通。

　　除《刀劍錄》不盡可信外，其餘杭氏引書也應謹慎觀之，如〈趙雲傳〉七年卒
下，世駿引《城塚記》曰：「南陽縣南十五里爲蜀漢偏將軍趙雲墓」。〔註96〕按趙
雲卒時天下尚未一統，南陽屬敵國曹魏領內，身爲蜀漢大將的趙雲不可能歸葬於
此。或許「南陽縣南十五里爲蜀漢偏將軍趙雲墓」是後人所建而非當時之事，應存
疑待之。又如《幽明錄》「魯肅卒後與人爭墓」〔註97〕、《丹陽記》「因浴于後湖化
爲龜」〔註98〕的情形，將這些怪異荒誕之說，補入《三國志》內恐未有益。正如
《四庫提要》所言：

　　　　如某人宅在某鄉，某人墓在某里，其體全類圖經。虞荔之《鼎錄》，
　　陶宏景之《刀劍錄》，皆按年編入。而鍾繇等傳《書評》、《書品》動輒連
　　篇，其例又如襍記。至於神怪妖異，如嵇康見鬼、諸葛亮祭風之類，稗
　　官小說，累牘不休，尤誕謾不足爲據。……大抵愛博嗜奇，故蔓引卮
　　詞，多妨體要。〔註99〕

與杭世駿相較，趙一清對於史料的運用較爲小心，考訂較詳。如〈諸葛亮傳〉記諸
葛亮好爲「梁父吟」。杭世駿引《藝文類聚》補充，諸葛亮喜好的梁父吟是否就是
《藝文類聚》所載的呢？趙一清以何焯之說「蔡中郎《琴頌》云：『梁父悲吟，周
公越裳』，武侯之志其有取于此乎？今所傳之詞，蓋非其作」。〔註100〕顯見趙氏徵

〔註93〕　〈杭世駿三國志補注與趙一清三國志注補〉，收入於《清史探微》，頁196。
〔註94〕　《三國志補注》卷五，頁1016。
〔註95〕　《三國志補注》卷六，頁1026。
〔註96〕　《三國志補注》卷五，頁1016～1017。
〔註97〕　《三國志補注》卷六，頁1031。
〔註98〕　《三國志補注》卷六，頁1026。
〔註99〕　《三國志補注・提要》，頁949～950。
〔註100〕　《三國志注補》卷三十五，頁255。

引之廣與考訂之詳。可是《三國志注補》的內容還是有雜引它說，而未深考之處。如引《水經·河水注》郭淮曾為涼州刺史一事補〈郭淮傳〉，他認為「蓋傳失之」。〔註101〕然盧弼引他版《水經注》稱：「淮為雍州刺史，此云涼州誤」。〔註102〕可能是引用較差版本而出現的錯誤。

再如諸葛亮南征一事，所謂的七擒七縱不過是後人附會之辭，但在「俗皆愛奇、莫顧實理」的環境下，原本不清楚的七擒七縱地點，到了明清時期越來越清楚，趙一清於諸葛亮南征下，特引《讀史方輿紀要》的記載，分別補充諸葛亮擒孟獲的地點。〔註103〕實際上，所謂七擒七縱並非真實存在，它與漢代文風有相當大的關係。據余明俠的研究，漢代有不少事物以七為名，文必用「七體」、讀必用儒家「七經」、神學附會儒學之書稱「七緯」、劉向的圖書編目「七略」等。〔註104〕反映出當時尚七的文風。不僅如此，這股風氣也在民間散開，秦永洲認為牛郎、織女相會的神話，形成於漢代，相會的日子是農曆七月七日。〔註105〕習俗風向如此，那把諸葛亮擒縱次數稱七擒七縱，而不稱九擒九縱或四擒四縱，用七代表多次，而不以其它數字，便可由此得知。諸葛亮曾擒放孟獲，卻不可能有七次之多，裏面的附會、虛構太多。至於《讀史方輿紀要》所說的那些地點，如位於雲南西部的永昌府等地，多是諸葛亮未達之處。《華陽國志》載，建興三年春，諸葛亮所率主力「自安上由水路入越嶲，別遣馬忠伐牂牁，李恢向益州」。〔註106〕兵分三路南進。五月，諸葛亮率軍渡過瀘水，追討剩餘的叛軍。此時，繼死去雍闓為主的孟獲，在蜀漢三路大軍的圍勦下，於今日滇東一帶被七擒七縱。〔註107〕《讀史方輿紀要》說的那些遺跡應是後人附會所致，諸葛亮未到雲南西部。趙一清引此記載於書內，實未深考真偽。

洪亮吉對補三國志書有莫大貢獻，然在補志時卻未能從《三國志》內的記載來觀察，以致某些問題可獲答案，未能引之。謝鍾英《補三國疆域志補注》說亮吉於

〔註101〕《三國志注補》卷二十六，頁213。

〔註102〕《三國志集解》，頁635。

〔註103〕《三國志注補》卷三十五，頁257。

〔註104〕余明俠，《諸葛亮評傳》，（南京：南京大學出版社，1996），頁216。

〔註105〕秦永洲，《中國社會風俗史》，（山東濟南：山東人民出版社，2000），頁192～193。

〔註106〕《華陽國志校補圖注·南中志》，頁163～164。

〔註107〕關於諸葛亮南征的路線，方國瑜在《中國西南歷史地理考釋》有詳細論證。他認為諸葛亮未走前人所說的旄牛道，而是由安上水路入越嶲郡。平定越嶲郡的叛亂後，南渡瀘水與李恢、馬忠軍會合，最後取道漢陽郡回成都。詳見方國瑜，《中國西南歷史地理考釋》（台北：台灣商務書局，1990），頁236～244。

「《國志》反見遺漏」。〔註 108〕就謝氏所補,確實如此。如廣平郡下有曲梁縣,亮吉稱:「曲梁,漢舊縣,屬廣平國,中興後省。《地形志》魏黃初二年,復置郡治」。謝鍾英以《三國志·楊俊傳》「太祖除俊曲梁長」,時在建安中爲證,說明建安時曲梁就已復置,駁亮吉「中興後省」之說。〔註 109〕又如汶山郡,亮吉指稱「漢武帝置,宣帝地節三年合蜀郡,靈帝又分蜀郡北部置」。〔註 110〕此處未引《三國志》,據〈陳震傳〉:「蜀既定,爲蜀郡北部都尉,因易郡名,爲汶山太守」。可見劉備得蜀,即建安十九年,汶山郡在此年前曾改稱或合併爲蜀郡,此後復改爲汶山郡,而非靈帝後一直不變。亮吉此書多引各正史地理志或地志記載,而未引《三國志》,以致考證地理沿革時不能得到完整答案,是其不當之處。

再如洪飴孫的《三國職官表》,本書雖對三國職官的功能有卓越發現,發人之未言,但仍未深入探討職官演變,加上敘述職官時以《魏官品》、《後漢書》、《晉書》以及《宋書》爲主,而少由身居此官的人物事蹟觀察,分析設置目的與職權所轄,因此在書中看到的多是停滯的官職,無法與歷史變動結合,缺乏變化的一面,不能完整反映這項官職的地位以及權責演變。以飴孫對軍師一職的敘述來看,就有不少問題。

首先,從軍師的職責來看,飴孫引杜佑《通典》把軍師列爲監軍類,這種看法大概是據後制言之,因爲軍師設立的目的似非「節量諸將,亦監軍職也」〔註111〕。《通典》記載「魏荀攸爲軍師,軍國選舉及刑獄法制皆使決焉」。〔註 112〕《晉書·職官志》也說到「魏武使中軍司典刑獄」。〔註 113〕以擔任軍師、中軍師的荀攸爲例,多參與軍隊征伐,卻未以監軍身分臨視出征部隊,在史書中以高級參謀人員的身分於滅呂布、破袁紹、平冀州等戰役中屢出奇策,可見曹操時期的軍師應以參贊軍計、司掌軍國選舉及刑獄爲主要權責。不然,軍師、軍謀掾、軍謀祭酒等大量出現於曹操軍府,其他軍府卻極少見的情形,說軍師有監軍職能並

〔註108〕謝鍾英,《補三國疆域志補注·序》,收入於《二十五史補編》3(北京:中華書局,1955),頁 2998。
〔註109〕《補三國疆域志補注》,頁 3021。
〔註110〕《補三國疆域志補注》,頁 3096。
〔註111〕杜佑,《通典·職官》(北京:中華書局,1996),頁 805。以東漢韓歆爲例,韓歆因守城不降,光武氣得想把他殺掉,鄧禹說服光武特請留用擔任軍師。以理度之,如果軍師有監軍功能的話,應是皇帝親信,至少是身邊的人出任才對,以韓歆幾乎被光武殺害的情形來看,軍師是否帶有監軍功能恐怕是值得懷疑的。
〔註112〕《通典·職官》,頁 804。
〔註113〕《晉書·職官志》,頁 1156。

不恰當。〔註114〕

　　曹魏建國後，隨著文帝曹丕、明帝曹叡的「政自己出」，為確保各地駐軍的忠誠，以及達到遙控軍事的目的，軍師廣設於諸軍，成為監視外軍將領的利器。青龍二年，諸葛亮北伐，「先是大將軍司馬宣王數請與亮戰，明帝終不聽」，為了怕司馬懿出兵決戰，特使辛毗以大將軍軍師使持節監領諸軍，「六軍皆肅，準毗節度，莫敢違犯」。〔註115〕嘉平二年，征東將軍胡質病死，由於「家無餘財，惟有賜衣書篋而已」，「軍師以聞，追進封陽陵亭侯」。〔註116〕這些事例不但說明，軍師有獨自上奏朝廷的權力，而且能將胡質的家財弄得一清二楚，更可見監察範圍之廣。入晉後，軍師的監軍功能屢屢可見，石崇任征虜將軍，監徐州諸軍事，「與徐州刺史高誕爭酒相侮，為軍司所奏，免官」。〔註117〕羊祜嘗欲夜出，後為軍司徐胤所阻，此後稀出矣。〔註118〕顯然曹魏初期的軍師並非監軍，在皇帝急攬軍權的心態下，軍師才由參贊軍事的參謀成為具有監軍性質的職官，籠統地將軍師視為監軍，不能完全反映軍師職能演變的事實。

　　同時必須指出，自漢末天下大亂後，有些職官隨著權責地位的變化，祿秩品級不同以往，曹魏四征將軍與前、後、左、右將軍的位階就是一例。《職官表》將曹魏四征將軍列為二品，前、後、左、右將軍為三品，但張遼在延康元年由二品的征東將軍左遷三品的前將軍，顯然於理不合。〔註119〕魏國的征、鎮將軍高於前、後、左、右將軍應從黃初年間開始，史載征鎮將軍於「黃初中位次三公」，〔註120〕此後將軍位階才由前、後、左、右、征、鎮變為征、鎮、前、後、左、右。滿寵在太和四年由前將軍轉征東將軍，〔註121〕張郃太和三年由左將軍遷征西將軍〔註122〕都是實例。又如蜀漢征伐將軍的順位大致為大將軍、驃騎將軍、車騎將軍、衛將軍、鎮大將軍、征大將軍、前、後、左、右四將軍、輔漢將軍、鎮、征將軍，這樣的位階順序到了後主景耀年間又有明顯更動，大將軍、驃騎將軍、車騎將軍分別置

───────────

〔註114〕 曹操時期軍府設有軍師的可考者只有征南軍師楊俊，如果說此時的軍師有監察職能，不應只有此例。相反地屢屢可見軍師任職於曹操幕府中，應有集思廣益之用，以參謀為主責。

〔註115〕 《三國志‧辛毗傳》，頁699。

〔註116〕 《三國志‧胡質傳》，頁743。

〔註117〕 《晉書‧石崇傳》，頁1006。

〔註118〕 《晉書‧羊祜傳》，頁1015。

〔註119〕 《三國職官表》卷下，頁1525。

〔註120〕 《宋書‧百官志》，頁1225。

〔註121〕 《三國職官表》卷下，頁1525。

〔註122〕 《三國職官表》卷下，頁1528。

左、右兩官，並增設輔國大將軍、鎮軍大將軍。職官位階是隨著多種因素演變，並非停滯不變。飴孫僅以《後漢書》、《晉書》以及《宋書》的職官記載表示職官權責，以《魏官品》與漢祿秩說明該官品第，卻忽略職官地位與權責會隨著時間變化而不同，這是此書頗值討論的地方。

　　由於三國職官史料的缺乏，洪飴孫以《後漢書》、《晉書》、《宋書》的職官記載，配以《魏官品》為三國職官沿革、品秩的依據。就某種程度而言，的確能代表三國時代的某些情況。不過，全以《魏官品》為三國職官品秩的依據，恐怕是值得商榷的。據今人祝總斌、閻步克的考證，《魏官品》記載的官稱有許多是魏末，甚至是晉初才設置的，如龍驤將軍、國子祭酒以及子爵等，兩人因此斷言《魏官品》應為晉代魏前，也就是魏末的作品。〔註123〕《魏官品》是否全然可信，飴孫也曾注意到，《三國職官表》左軍將軍條中就說到：「官品又有前軍、右軍、後軍三將軍，俱第四品。晉志：晉武帝初置前軍、右軍，泰始八年置後軍。則官品乃雜晉制言之，魏時無此官，今不錄」。〔註124〕龍驤將軍條言：「官品又有龍驤將軍，列第三品。宋志：晉武帝始以王濬居之。則非魏時所置明矣」。〔註125〕魏太子舍人條亦稱：「官品又有太子中舍人，通典中舍人，晉咸寧初置，今不錄」。〔註126〕正如魏得良所說：「此表之成，使考三國官制者一目了然」。〔註127〕飴孫考證官屬之詳細，令人全面了解三國公府僚屬的建置、沿革，不少沿襲已久的舊說也得到澄清。但《魏官品》的記載問題，卻未能深入追究，仍直引作為各官品秩依據，遂造成《三國職官表》不小的缺失。如杜襲為尚書（二千石，三品）〔註128〕徙大將軍軍師（不詳，五品），後拜太中大夫（二千石，七品）。〔註129〕依《魏官品》的記載，杜襲是從三品官降調為五品官，再由五品降為七品，遷官順序於史顯有不合。案杜襲任尚書與大將軍軍師時，並無功過，而且任大將軍軍師時是與諸葛亮作戰之際，可見曹魏政權對其信任之深，又怎會一再左

〔註123〕詳見祝總斌，《兩漢魏晉南北朝宰相制度研究》（北京：中國社會科學出版社，1998），頁147〜148。閻步克，〈《魏官品》產生時間考〉，收入於《閻步克自選集》（北京：中國社會科學出版社，1998），頁91〜95。

〔註124〕《三國職官表》卷下，頁1543。

〔註125〕《三國職官表》卷下，頁1537。

〔註126〕《三國職官表》卷中，頁1404。

〔註127〕魏良德、倉良修等編著，《中國史學史辭典‧三國職官表條》（台北：明文書局，1990），頁20。

〔註128〕熊德基認為曹魏尚書的待遇與後漢三公任尚書同，非千石，應為二千石。〈九品中正制考實〉，收入於《六朝史考實》，頁211。

〔註129〕《三國志‧杜襲傳》，頁667。

降呢？若從祿秩來解釋，則符合實際情況，屬於積勞遷官，在無特殊功過下，當然不會大升或大降。其他如趙儼爲典農中郎將（六品，比二千石）、征東軍師（五品，不詳）、轉度支中郎將（六品，二千石）。〔註130〕王昶任洛陽典農（六品，比二千石），遷兗州刺史加揚威將軍（四品，二千石）。〔註131〕這些遷官實例如依官品也是於理不合。

　　曹魏時期的官階依舊以漢代通行的祿秩爲分級，品階並非主要標準。如《三國志·賈逵傳》載賈逵任豫州刺史「考竟其二千石以下阿縱不如法者，皆舉奏免之」。《三國志·倉慈傳》末：「自太祖迄於咸熙，魏郡太守陳國吳讜、清河太守樂安任燠……，或哀矜折獄，或推誠惠愛，或自身清白，或摘姦發伏，咸爲良二千石」。《三國志》中只要提及官階就以祿秩表示而非官品。各書引《魏略》對官階的記載也都以祿秩爲主，如《宋書·百官志》引《魏略》載：「四征，魏武帝置，秩二千石，黃初中，位次三公」。《後漢書·職官志》引《魏略》載：「曹公置都護軍中尉，置護軍將軍，亦皆比二千石。旋軍並止罷」。張鵬一《魏略輯本》中凡有提及官階的職官，也都是以秩幾石來表示，如「積弩都尉，秩比二千石」、「撫軍都尉，秩比二千石」、「材官校尉，黃初中置，秩比二千石」、「度支中郎將，秩二千石」。〔註132〕案「《魏略》記有趙王幹卒、司馬文王西征，事當陳留王景元二年」，可知《魏略》內容至少到魏末，非《史通》所言「魏時京兆魚豢私撰《魏略》，事止明帝」。〔註133〕祿秩依舊是曹魏官階標準，不然魚豢不會記載祿秩石數，而不以第幾品代表。《通典》稱「魏秩次多因漢秩，更制九品」。也就是曹魏依舊沿用漢秩，後來在此基礎上制定九品。而這種官品爲主的官階表示也不適用於蜀吳二國。《三國志·張嶷傳》：「時郡內世人龔祿、姚佑位二千石」。《三國志·妃嬪傳》引《江表傳》：「皓使黃門備行州郡，科取將吏家女。其二千石大臣子女，皆歲歲言名，年十五六一簡閱，簡閱不中，乃得出嫁」。這些記載都以石數爲官階區分，九品的官階表示法不僅不適用於曹魏，在蜀吳二國亦是無跡可尋。官品是否爲三國時代共通的官階表示法仍有思考空間。

　　同時，飴孫於各職官下以《魏官品》爲主，於蜀、吳兩國職官條下往往書同字，而未分述兩國情形，將三國職官品秩一視同仁，忽略同一個官職在三國不同階

〔註130〕《三國志·趙儼傳》，頁671。
〔註131〕《三國志·王昶傳》，頁744。
〔註132〕魚豢著，張鵬一輯，《魏略輯本》，收入於《三國志附編》（台北：鼎文書局，1990），頁9～10。
〔註133〕《魏略輯本》卷首〈補三國魏志魚豢傳〉，頁1。

次的情形，顯然有所不當。以將軍位階來看，魏國四征、四鎮、四安、四平將軍的排序就不同於蜀國。蜀國的趙雲在建興中由征南將軍遷鎮東將軍〔註134〕，即使加大將軍號後，鎮依舊大於征，張翼在延熙十八年由征西大將軍遷鎮南大將軍就是其例〔註135〕。顯示蜀漢將軍位階不合曹魏將軍位階的順序。如果將蜀漢將軍位階核以史實，明確排列出來的話，那魏、蜀將軍位階的不一，更是明顯。據《三國志》的相關記載，蜀漢征伐將軍號的順位大致為大將軍、驃騎將軍、車騎將軍、衛將軍〔註136〕、鎮大將軍、征大將軍、前、後、左、右四將軍、輔漢將軍〔註137〕、鎮、征將軍。蜀漢與曹魏將軍位階最大的不同，在於蜀漢以前、後、左、右將軍為上，征、鎮除加大將軍號外不能與之相比。〔註138〕而曹魏相反，是征、鎮將軍為上。可見飴孫以《魏官品》的品階記述蜀漢官階值得商榷。

　　同樣的情形在吳國也可以發現。潘璋於黃龍元年由平北將軍遷右將軍，依《魏官品》來看這是左遷，但此年孫權稱帝「將吏皆晉爵加賞」，在潘璋沒有特殊惡過的情形下，怎會有降官處分？〔註139〕又如呂範由平南將軍遷建威將軍，是三品降為四品，是時孫權破關羽還，呂範有留守之勞，沒有理由受到降官處分。〔註140〕陸抗由征北將軍遷鎮軍將軍，亦是二品降三品的左遷。〔註141〕從這些案例，可知孫吳與曹魏官階品秩不盡相同。史載「孫吳、劉蜀，多依漢制，雖復臨時命氏，而無忝舊章」。〔註142〕蜀漢、孫吳的將軍制大體承襲了東漢官制，「大將軍、驃騎將軍，位次丞相，車騎、衛將軍、左、右、前、後，皆金紫，位次上卿」。〔註143〕蜀漢與孫吳政權不過在這個基礎上，增填了雜號將軍，基本上並無太大變動。因此就實際將軍位階來看，蜀漢、孫吳的將軍號比起「名與漢同，而實變之」的曹魏，漢制色彩還是比較濃厚，拿曹魏官階硬套於蜀、吳二國並不合實際情況。

　　綜上所述，清人的部分研究往往惑於正史各志書，或一段記載，而未能從《三國志》深入探討，以致補注失實。正因為如此，清人雖運用大批史料於補注，卻未能深入考其真偽與否，更精確地解釋歷史現象，這是比較可惜的地方。

〔註134〕《三國志‧趙雲傳》，頁949。
〔註135〕《三國志‧張翼傳》，頁1073～75。
〔註136〕《三國志‧姜維傳》，頁1064。姜維由鎮西大將軍遷衛將軍。
〔註137〕《三國志‧姜維傳》，頁1063～64。姜維從征西將軍遷輔漢將軍。
〔註138〕如宗預在延熙中由後將軍轉拜征西大將軍。《三國志‧宗預傳》，頁1076。
〔註139〕《三國志‧潘璋傳》，頁1300。
〔註140〕《三國志‧呂範傳》，頁1312。
〔註141〕《三國志‧陸抗傳》，頁1355。
〔註142〕《晉書‧職官志》，頁724。
〔註143〕孫星衍輯，《漢官六種》（北京：中華書局，1990），頁202。

三、書目名不全及注釋未周

如果吾人以今日學術研究的規格標準要求古人，也許是過於苛求，但亦如梁啓超所說：「佚文出自何書必須注明，數書同引，則舉其最先者，能確遵此例者優，否者劣」。〔註144〕對於補注書籍來說，為求言必有據，最好能將引用書目附註其中，儘管這不是嚴重的缺點，而且在缺乏著作權觀念的清代，許多補注著作幾乎是不列出處的。如萬斯同一系列的《三國志》補表，《魏將相大臣年表》、《吳將相大臣年表》、《漢將相大臣年表》等，內容多是直書人名、官職而未載出處。相較於萬斯同的表志類著作，杭世駿《三國志補注》在引書方面，較萬氏進步許多，能書出處所在。可是仔細觀察，所據的佚書如《丹陽記》、《城塚記》、《戰略》，多採自《太平御覽》、《冊府元龜》等類書中，世駿「但舉原書，不著所從出」。〔註145〕即使是今日可見的史籍，亦僅登書名，而不稱卷數、篇次，這對引用者來說還是造成了使用上的不便。

後來的《三國志》研究者，趙一清、洪飴孫改進前者之失，在引用書目方面做了較好的示範。《三國志注補》內容頗矯杭氏《三國志補注》之失，對於佚書之引用多能標其所出何處，如引《魏國統》即稱，《御覽》卷四百八十一引《魏國統》。〔註146〕同樣的，洪飴孫《三國職官表》內凡引用他人之說也全列出處。不過美中不足的是，兩者都有引用書目、前人說法，名稱不全的情形，造成後人循線探究的困境。《三國志注補》有劉逵〈魏都賦〉〔註147〕、溫庭筠〈金虎臺詩〉〔註148〕、〈仲宣從軍詩〉〔註149〕、《太霄經》〔註150〕、譙周《巴記》〔註151〕以及《城塚記》〔註152〕等，此皆轉引詩集、文集或史籍之作，應當書其轉引之處，非直引其名。而名稱不全也讓人不知所出何處，如《漢志》指得是《漢書》或《後漢書》的何志？〔註153〕一本指得又是何種版本的《三國志》？〔註154〕府志是指何地志書？〔註155〕所謂

〔註144〕 《中國近三百年學術史》，頁 269～270。

〔註145〕 〈杭世駿三國志補注與趙一清三國志注補〉，收入於《清史探微》，頁 196。

〔註146〕 《三國志注補》卷三十五，頁 255。

〔註147〕 《三國志注補》卷一，頁 26。

〔註148〕 《三國志注補》卷一，頁 25。

〔註149〕 《三國志注補》卷一，頁 29。

〔註150〕 《三國志注補》卷一，頁 33。

〔註151〕 《三國志注補》卷三十七，頁 264。

〔註152〕 《三國志注補》卷三十七，頁 266。

〔註153〕 《三國志注補》卷四十七，頁 311。

〔註154〕 《三國志注補》卷一，頁 6。

〔註155〕 《三國志注補》卷三十七，頁 265。

的姜云〔註 156〕、李氏〔註 157〕又是何人？這都是《三國志注補》內引用書目或說法時的不明確。

《三國職官表》也是如此，有的書名用簡稱，比如《漢書》、《後漢書》這兩部正史，《職官表》內均稱《漢志》。《新唐書》則以《唐書》稱之，《晉書・宣帝紀》簡稱《晉紀》〔註 158〕，《晉志》是《晉書・職官志》的省稱，《宋書・禮樂志》亦有稱《宋志》、《宋禮志》、《宋書・禮志》的，〔註 159〕而漢官指得究竟是《漢官》，還是《後漢書・百官志》，都使人無法得知史料來源出自何書。引用書目不只有徵實意義，也使其他研究者獲致更多資料，對該研究進行重複檢證。清代學者引用書目不完整，不論在尋根探源，提供後人進一步參考的線索，或是考訂記載的眞實性，多少受到影響，也使清人的補史工作有些美中不足。

四、註解失其義

清人補注《三國志》的另一成果就是溝通古人與今人間，因語詞不同所造成的失意。清代學者多半博學多聞，在注解語詞方面雖有相當成果，卻不免有註解失當。如《三國志・武帝紀》載曹操戰馬超關西聯軍，先以輕兵挑之，後縱虎騎夾擊，遂大破關西聯軍一事。何焯認爲所謂的輕兵是「弱者出戰，強者繼之，其挑戰者乃游軍也」。〔註 160〕考諸於史，輕軍不見得是弱者組成的軍隊。據吳金華先生的研究，兵書《吳子》：「武侯問曰：『兩軍相望，不知其將，我欲相之，其術如何？』起對曰：『令賤而勇者將輕銳以當之，務於北，無務於得』」。諸葛亮稱曹操「用兵彷彿孫、吳」，這樣的道理曹操豈會不知，輕軍應是輕銳勇健之軍，而非老弱殘兵。〔註 161〕何焯此說似乎只從字義解釋，而未由輕軍的最初涵義了解，以致字詞解釋有了疏漏。

《三國志注補》的作者趙一清，在注解時亦有失意的情況。如〈牽招傳〉：牽招送葬還歸，道遇寇鈔，「賊欲斫棺取釘」。一清指稱：「釘直幾何？至乃斫棺取之，容亦有飾詞」。〔註 162〕其實斫棺取釘並非「有飾詞」，而是漢末大亂導致鐵的供應不足所致，曹操曾將刑具以木替代，可知鐵器的不足。〔註 163〕所以特以王脩

〔註 156〕《三國志注補》卷一，頁 10。
〔註 157〕《三國志注補》卷三十七，頁 266。
〔註 158〕《三國職官表》卷下，頁 1502。
〔註 159〕《三國職官表》卷上，頁 1324、1325。
〔註 160〕《義門讀書記・三國志》，頁 206。
〔註 161〕《三國志校詁》，頁 17。
〔註 162〕《三國志集解》引趙一清語，頁 631。
〔註 163〕陶元珍，《三國食貨志》（台北：商務印書館，1989），頁 75。

爲司金中郎將，「多以鹽鐵之利，足贍軍國之用」。〔註164〕又王凌曾向司馬懿索棺釘，從朝廷大官的王凌索棺釘，似乎不足爲奇的現象來看，棺釘在當時是難得之物。〔註165〕趙氏對「賊欲斫棺取釘」一事，實是未解當時的背景所致。

後出的史家在註解《三國志》時，仍不免未達原意。〈孫權傳〉載：「蜀遣衛尉陳震慶權踐位，權乃參分天下」。潘眉於此解釋爲「參分者，參酌以分天下，與三分異，《蜀志》謂之交分天下也」。〔註166〕他認爲此「參分」與「與世所稱三分異」，是也，「但參分者參酌以分天下」恐非。趙幼文先生引《穀梁傳》：「參者，交互之意」。《史記·樂書》：「四暢交於中」，正義曰：「交，互也」。認爲參分即交分。〔註167〕可見參分亦有互相之意，非參酌之意。再如康發祥於〈孫休傳〉謂：「今人以閹人之老者爲老公，其本於此乎」！〔註168〕老公是否就是後世所稱的老宦官呢？據〈鄧艾傳〉載段灼上疏，內有「七十老公，反欲何求」。〔註169〕此疏是段灼爲鄧艾伸冤所上，所謂七十老公是指鄧艾，段灼是魏晉時人，可見老公非如康發祥所言「以閹人之老者爲老公」。此皆清代學者注解出現的訛誤。

五、考證疏漏忽略

考證本無完善，即使用功的清代學者也難達完美境界。尤其是身處三國千年後的清人，不免對這個時代進行合理的想像。爲古人設身處地是歷史研究者的治學條件之一，而清人也多能以實爲據來立論考證，但仍有一些值得探討之處。因爲這種想像如不能從各個時代特點著眼，而是以今臆古的話就會出現許多不能理解的地方，進而直斥爲非，導致錯誤考證。清代學者在他們的研究中有不少這樣的問題，下文略舉數例說明。

《三國志·王凌傳》載王凌欲舉兵反亂，宣王司馬懿率領中軍乘水道進攻一事。何焯評論到：「此中軍猶言禁軍，不及徵調外軍，故以中軍進也」。〔註170〕案三國時期中軍往往擔任征伐主力，地方軍則從事輔助攻擊角色，這一點在史書中屢屢呈現。魏明帝時「步度根部落皆叛出塞，與比能合寇邊·遣驍騎將軍秦朗將中軍討之，虜乃走漠北」。〔註171〕太尉司馬宣王統中軍數萬討遼東公孫淵。〔註172〕皆

〔註164〕《三國志·王脩傳》注引《魏略》，頁348。
〔註165〕《三國志·王凌傳》注引《魏略》，頁760。
〔註166〕《三國志考證》卷七，頁488。
〔註167〕《三國志校箋》卷四十七，頁1559。
〔註168〕《三國志集解》引康發祥說，頁959。
〔註169〕《三國志·鄧艾傳》，頁782。
〔註170〕《義門讀書記·三國志》，頁218。
〔註171〕《三國志·明帝紀》，頁100。

是中軍爲作戰主力的記載。中軍不僅用於征伐，一旦遇有敵軍入侵，也徵召中軍抵禦。明帝青龍中，「吳圍合肥，時東方吏士皆分休，征東將軍滿寵表請中軍兵，并召休將士，須集擊之」。〔註173〕諸葛恪領軍攻魏，太尉司馬孚亦督中軍解圍。〔註174〕所以司馬懿率中軍進攻並不是「不及徵調外軍」，而是曹魏主力本在中軍，故不需徵調外軍，也控有優勢兵力。何焯之論顯然是未認識曹魏軍事體制的特點，而有此誤。

趙一清在考證三國史事時亦有不愼致誤之處。〈文帝紀〉：「帝疾篤，召中軍大將軍曹眞、鎮軍大將軍陳群、征東大將軍曹休、撫軍大將軍司馬宣王并受遺詔輔嗣主」。一清以爲「《晉書‧宣帝紀》云：『于崇華殿之南堂并受顧命輔政』，則非四人可知，即〈曹休傳〉亦無受遺詔輔政之事」。案〈曹眞傳〉：「文帝寢疾，詔與陳群、司馬宣王等受遺詔輔政」。〈陳群傳〉：「群與曹眞、司馬宣王等受詔輔政」。各傳所載雖僅書陳群、司馬懿、曹眞三人，但其下皆有等字，可見受詔者不只三人，故〈文帝紀〉載曹休受詔輔政之事，實無妄載。潘眉的《三國志考證》也可見考證失誤，如〈呂布傳〉載呂布爲奮威將軍，潘氏據《宋書‧百官志》「奮武將軍漢末呂布爲之」，否定《三國志》與《後漢書》呂布爲奮威將軍的記載。〔註175〕姑且不論證據之不足，《三國志》與《後漢書》成書都早於沈約《宋書》，這種以後證前正犯了邏輯上的錯誤。

除了不愼考證失誤，清代學者尤其是補表志者，也常見疏漏處，以致內容可議。《三國職官表》是洪飴孫耗費數年時間完成的精采著作，但以一人之力完成，多少有漏錄可指者，如同《續修四庫全書提要》所言「間亦有漏略，及疏誤者」。洪亮吉的《補三國疆域志》在《續修四庫全書提要》中也是「似亦嫌漏」。〔註176〕實際上，這類的補表志著作，其疏漏忽略處，包括引書致誤，以及人物、職官、地理失錄。下文就官稱誤、時間誤以及引書致誤處，略舉數例說明。

（一）官稱誤

《三國職官表》孫吳光祿勳孟宗條，孟宗永安五年轉左御史大夫。〔註177〕案《三國志‧三嗣主傳》，永安五年冬十月，「以衛將軍濮陽興爲丞相，廷尉丁密、光

〔註172〕《三國志‧毋丘儉傳》，頁762。
〔註173〕《三國志‧劉劭傳》，頁618～619。
〔註174〕《三國志‧毋丘儉傳》，頁763。
〔註175〕《三國志考證》卷三，頁449。
〔註176〕《續修四庫全書提要‧史部》，頁39。
〔註177〕《三國職官表》卷上，頁1332。

祿勳孟宗爲左右御史大夫」。〔註178〕此處顯指孟宗由光祿勳轉爲右御史大夫，而非左御史大夫。左御史大夫應是丁密。又典虞都尉條，《后妃傳》明德毛后父嘉本典虞車工卒，即屬此。〔註179〕按《三國志·后妃傳》原文爲「嘉本典虞車工卒暴富貴」，由於本無句讀，飴孫自斷作「嘉本典虞車工卒，暴富貴」，遂有典虞車工卒一職的出現。據吳金華先生研究，漢魏時人常稱突然爲卒暴。〔註180〕因此正確的句讀應作「嘉本典虞車工，卒暴富貴」，其職爲典虞車工，而非典虞車工卒。

（二）時間誤

《三國職官表》曹魏司空軍師條，「建安三年太祖爲漢司空時置，後因之」。〔註181〕飴孫引武帝紀「（建安）三年春正月，公還許，初置軍師祭酒」爲本，認爲軍師與軍師祭酒一樣，是曹操於建安三年設置。但據《三國志·荀攸傳》：「太祖迎天子都許⋯⋯太祖素聞（荀）攸名，與語大悅⋯⋯以爲軍師。建安三年，從征張繡」。〔註182〕從這裡的筆法記載來看，陳壽把荀攸任軍師一事記載在建安三年前，可見荀攸擔任軍師應在建安二年或元年，不在三年。而且軍師一職由來已久，「隗囂聘平陵人方望以爲軍師，又袁紹請盧損（植）爲軍師」。〔註183〕早在王莽末年群雄並爭時就有軍師的設置，它不是曹操的獨創，也不是首立。正因爲如此，陳壽才沒有對軍師的設立加以著墨，相對地軍師祭酒爲首創才被載入〈武帝紀〉中。又如蔣欽在建安十九年以盪寇將軍領濡須督。〔註184〕據《三國志·蔣欽傳》：「魏將張遼襲權於津北，欽力戰有功，遷盪寇將軍，領濡須督」。〔註185〕逍遙津一役正值曹操征漢中，爲建安二十年。蔣欽於戰後受封濡須，應在建安二十年，非十九年。

（三）引書不慎致誤

杭世駿《三國志補注》於〈張飛傳〉下有「張達、范強」，據《三國志·張飛傳》實作「帳下將張達、范彊殺飛」。應爲世駿引書不慎致誤。又《職官表》魏郎中條列有龐德公，此條引自龐統傳注引《襄陽記》，可是名字不是龐德公，是龐山

〔註178〕《三國志·三嗣主傳》，頁1159。
〔註179〕《三國職官表》卷上，頁1365。
〔註180〕《三國志校詁》，頁42
〔註181〕《三國職官表》卷上，頁1312。
〔註182〕《三國志·荀攸傳》，頁322。
〔註183〕《通典·職官》，頁804。據《後漢書·盧植傳》：「冀州牧袁紹請爲軍師。」盧損應改盧植才對。
〔註184〕《三國職官表》卷下，頁1615。
〔註185〕《三國志·蔣欽傳》，頁1286～87。

民。〔註186〕杭世駿亦稱「德公字山民，爲魏黃門吏部郎」，「字」應爲「子」之誤，盧弼對此有深刻舉證。〔註187〕凡此都是引書未審而導致的訛誤。

　　補注史書是一件辛苦艱難的事，而三國史料的零散更增加了它的難度，清代學者以一人之力從事，雖然不免疏漏，不過他們不畏艱難地完成補史工作仍爲後人建立了良好的學術基礎。

第四節　小　結

　　綜上所述，清代學者雖然在補注方面有引書未考其失、體例與內容的不合、考證失實等缺失，但他們在求眞的前提下，不僅博覽群書、親身訪查，還以闕疑精神保存互異的史料，最後更試圖以嚴密的史學體例鎔鑄各種不同史料、見解、說法，全面地補充、注解《三國志》內文、表志。對清代學術有深刻認識的梁啓超，在《中國近三百年學術史》中說到清人的補史工作：

> 清儒此項工作，在史學界極有價值。蓋讀史以表志爲要，作史亦以表志爲最難。舊史所無之表志。而後人捃拾叢殘以補作則尤難。……侯君謨之《補三國藝文志》等，從本書各傳記及他書所徵引辛勤搜剔，比《隋經籍志》所著錄增加數倍，而各書著作來歷及書中內容亦時復考證敘述，視《隋志》體例尤密。如洪北江、劉孟瞻之數種《補疆域志》，所述者爲群雄割據疆場屢遷的時代，能苦心鉤稽，按年月以考其疆界，正其異名。……凡此皆清儒絕詣而永不可沒者也。〔註188〕

後人補前史的內容、表志，在史料的收集和編次都不是一件簡單的事，清代學者竟能有這麼多的成果，成爲史學發展歷程中照亮後人的一盞明燈。

〔註186〕《三國志・龐統傳》引《襄陽記》，頁954。
〔註187〕《三國志集解》，頁816。
〔註188〕《中國近三百年學術史》，頁289。

第五章　結　語

　　歷史由人類創造，歷史學亦以人類作爲研究對象。然而史家又如何處理、選擇那些「歷史事實」？又是如何研究史書？補注史作？這些問題顯示出研究歷史編纂，也就是史學著作品評的重要性。現今史學界多半著重於史學理論或歷史研究，對歷史編纂的研究則略顯不足。其實作爲記載歷史事實的史書，不但提供了研究歷史的素材，同時它的編纂方法與內容，也反映出史家對歷史的認知與見解。史書編纂可說是值得研究的課題。

　　進一步來說，史書編纂還可分爲兩個層面，一是針對一部史書，從作者生平，如何蒐集史料、考訂史料，最後運用「史識」，撰述成書的內容。二是一個時代對某部史書的貢獻與看法，也就是他人對史書的研究內容。而本文主要從歷史編纂爲出發點，研究清人在《三國志》校勘、評論以及補注三方面的研究，探討清人何以致力於《三國志》研究。

　　有清一代《三國志》研究的勃興，可從史學研究的背景與《三國志》的史學地位來觀察。史學的被重視，讓學者的注意力不再只有經學。《三國志》本身無表無志、脫衍文字甚多，以及裴松之注所保存的眾多史料使它成爲學者研究的目標。而社會經濟的富庶，印刷技術的發達，更爲學者提供考證、校勘所需的書籍、工具。至於政府的右文政策，鼓勵學者從事研究，則讓他們無後顧之憂。這些外在環境因素加上《三國志》地位的提升、《三國演義》的盛行、政府對三國人物的關注與提倡等，《三國志》成爲清人矚目的研究焦點之一。

　　根據本文對清代《三國志》的研究，清人在校勘、評論與補注三方面都有顯著貢獻。首先，就校勘而言，清人處於古籍訛誤嚴重的時代，特別注重校勘古籍，認爲「欲讀書必先精校書」，沒有經過校勘的古籍，「恐讀亦多誤矣」。〔註 1〕他們研

〔註 1〕《十七史商榷・自序》，頁 1。

究《三國志》首先從事的就是校勘工作，此風由何焯、陳景雲首開。清代學者對於校勘事務雖未提升到理論層次，但從內容來看，後人所說的校勘學，已在清人的研究中展露。他們不只具體點出《三國志》致誤的四種狀況，也探討《三國演義》以及稗官野史對《三國志》內容的影響，初步校勘《三國志》。

就校勘《三國志》的方法來看，清人確有獨到之處。以採用古籍版本，多元校勘法、運用輔助科學三者為主。不過，具體校勘時，不能以此概括各家。像何焯一派特重版本對校，也就是死校。陳景雲較不重版本，以理校為主。而錢大昕雖然重視善本，卻也不迷信宋元本，屬於折衷立場。至於輔助科學的使用更是清人從事校勘的利器，從典制、小學、史例、地理以及金石等方面著手，將《三國志》內相沿已久的訛誤文字一一勘正。

其次，就歷史評論而言，清代學者展現實事求是、無徵不信的批判態度。不僅從古史源頭出發，進行細緻地考證、校勘，恢復史籍面目，並在這樣的基礎上，把論史與考史結合，發表自己的歷史評論。評論歷史時，多能「知世論人」地考察評論事物所處的歷史背景，進一步解釋原因與根源，而非空發議論，人云亦云。此外，評論三國人物、史事時，也較客觀地從實際觀察，打破俗說，指出優點所在，亦不迴避缺失與錯誤。這種本末兼察、鉅細畢究的功夫，以及把史考與史論結合的歷史評價原則，正是清人會通古今的體現，亦是高於前人治學成果之處。

清代學者在求真求實的評論原則下，對《三國志》研究做出重大貢獻。第一，針對《三國志》作者陳壽的史德問題，本著求實態度，進行深入討論，為陳壽辨誣。對前人強加給陳壽的不實之辭，以強而有力的證據向人們證明，陳壽未曾索米，也未貶低諸葛亮。更指出陳壽所以受誣實因《晉書》好引雜說，後人不斷沿用所致。第二，清代學者不再單純地以帝魏觀點評價《三國志》，他們由符合史實、遵從史例以及重複記載三方面來考核《三國志》史文繁簡，明白地將《三國志》的優點指出，也批評不當處。較客觀地觀察陳壽的史才、史識，對《三國志》以實事求是的看待三國並立給予正面評價，批評過去抑蜀、斷限不明的不全面看法。他們還針對陳壽「世愈近而言愈隱」的史法，從史例與史文中尋找陳壽的春秋筆法，揭露書法隱義。第三，清代學者站在實錄思想、忠義觀念的意識，藉由細心考證以及淵博學識，評價、指正三國史事或人物，讓我們對三國史有正確的了解。

再就補注史書而言，清代學者於此用力甚深，不僅補《三國志》內文，使史文更加完備，令觀者一目瞭然。也針對《三國志》無表志的體例缺陷，以補表補志完整呈現三國時代的典章制度。劉聲木稱杭世駿《三國志補注》：「裴氏所註，距晉僅百餘年，杭氏所註，距晉已千餘年，其難易不可以道里計。且屢經喪亂，古籍久

湮。杭氏竟能拾遺補闕，目空千古，信乎我朝考證之學，軼乎前代矣」。〔註 2〕這段話不只是對杭世駿的補史評價，也表彰了清人不畏艱難從事此項工作的積極性與超越前代的成果。他們博覽群書、親身訪查，還以闕疑精神保存互異的史料，最後以嚴密的史學體例鎔鑄，全面補充、注解《三國志》內文、表志。

　　然而史學研究不可能盡善盡美，考證歷史亦不可能完整無缺，清代學者的《三國志》研究也是如此。在校勘方面，清人使用的校勘法以對校與理校居多，而使用理校的人又遠多於對校。當然這與古籍流通還不方便有關。然以理校法的內容來看，理校者往往缺乏版本依據，甚至未引它書，而以主觀判斷直斷是非。這種缺乏客觀證據而以主觀判斷爲主的校勘方式，一不小心「魯莽滅裂，以不誤爲誤，而糾紛愈甚矣」。從上文所舉的例子，不難發現理校法的主觀判斷常會導致校勘失誤。不僅如此，理校時由於未以善本爲底，或引他本爲證，以致於某些地方可引以爲證之處，卻缺少證據。甚至發生善本無誤處，僅在自己引用版本有誤時，造成費力校勘。

　　主觀判斷是理校法的主要缺點，至於以對校爲主的學者則有迷信古本的現象，直以宋本或其他善本爲據來校勘底本是否爲誤。然宋本並非全然可信，也有錯誤失實之處，如《三國志》原載的葉雄、士仁之名，在宋本中則作華雄、傅士仁。可見宋本雖爲較早版本，卻不能完整無誤。其他如字詞理解有限以及態度輕忽等所導致的訛誤，多屬於校勘時比較常出現的問題，也是吾人引用清人校勘成果必須注意的。

　　在評論方面，清人在時代背景的影響下，仍表現出某些先入爲主的意識，其中以尊蜀過甚、神化人物以及純以忠義論人三點最值得商榷。人是思想的動物，不可能沒有自己的看法，正統思想以及忠義觀也是史學思想之一。然而，將此視爲教條般的崇奉，凡事都以其爲評價標準時，這就造成不客觀，甚至有偏見的情況，自然使他們的評論打了折扣。此外，清人雖以歸納法獲得不少研究成果，指出時代特色與問題，卻偶有以部分概括全部的時候。由於歸納法首重全盤通檢，而無遺漏，這種方法一但遇到資料收集不全，就會因某些有力反證，以致立論失實。這可從趙翼、王鳴盛的史論中看到。清人或因版本，或因疏忽，未能細查史料亦是立論失實的另一因素。凡此都是清人論《三國志》時常見的錯誤。

　　至於，在補注方面，比較大的問題就在於引書未考闕失、體例與內容的不合以及考證失實等。引書未考其失使人對書中的某些記載感到懷疑，也導致書中觀點無

〔註 2〕劉聲木，《萇楚齋續筆》卷四〈杭世駿三國志補註〉（北京：中華書局，1997），頁77。

法成立,影響其史學價值,如洪飴孫直引《魏官品》為官位高低標準,就與歷史事實頗有不合。體例與內容的不合,則使人們無法清楚認識著作內容與體例間的關係,從體例中亦無法觀察內容之大概。清代學者以一人之力從事補注,出現考證失實、註解失其義的情況也都是在所難免,這些不妥之處是清人補注常見的缺失。

　　清代《三國志》研究在纂修的內容、方法與體例各方面,兼採傳統史學以及清以來提倡的實證史學,是以《三國志》研究不僅是正史研究中的一門「顯學」,同時也是史學發展歷程中的重要指標。清人於《三國志》研究中頗有創新之處,在校勘、評論以及補注方面採用客觀的史學方法,並以求實態度取代過去講求義理空論的史學。同時,大量廣泛地使用前人少用的類書、金石,在若干研究中,以專題方式做深入記載與論述,不只保存了珍貴史料,也提高了《三國志》研究的深度與廣度。儘管清代《三國志》研究在取材的精疏、史識的高下、體例的純駁等各個方面仍有小疵,然在史學研究的發展中,自有存在的價值與意義,而非這些小疵可以掩蓋。今人面對前人的《三國志》研究時,實不應有昨是今非之感,而盡棄前人成果。觀清人之研究,有時無比訝異,他們的研究竟是那麼的精湛且淵博,有時又不免感慨不少清代《三國志》研究的成果仍是今人未能利用的。如何在舊學與新知間,不斷吸收傳統史學成果而賡續發展,進而深入研究《三國志》,應是吾人研究歷史時不能偏廢的,不是嗎?

參考書目

（一）引用《三國志》版本

1. 宋紹興百衲本《三國志》（台北：商務印書館，1981）。
2. 武英殿本《三國志》（收入於《二十五史》（台北：開明書局，1983）。
3. 晉寫本《吳志‧吳主傳》殘卷（收入於《文物》1972：8）。
4. 晉寫本《吳志‧步騭傳》殘卷（收入於《文物資料叢刊》1977：1）。
5. 陳乃乾校點《三國志》（北京：中華書局，1998）。

（二）史 料

1. 丁謙，《三國志外國傳地理考證》（收入於《叢書集成三編》，台北：藝文印書館，1972）。
2. 上海古籍出版社編，《中國古籍善本書目》（上海：上海古籍出版社，1993）。
3. 中華書局編輯部，《清會典事例》（五）（北京：中華書局，1991）。
4. 孔另境，《中國小説史料》（上海：上海古籍出版社，1982）。
5. 支偉成，《清代樸學大師列傳》（收入於《清代傳記叢刊》12，台北：明文書局，1986）。
6. 牛運震，《讀史糾謬》（山東：齊魯書社，1989）。
7. 王夫之，《讀通鑑論》（台北：河洛圖書出版社，1976）。
8. 王復禮，《季漢五志》（收入於《四庫全書存目叢書》42，台南：莊嚴，1996）。
9. 王欽若等，《冊府元龜》（收入於《景印文淵閣四庫全書》902～919，台北：商務印書館，1983）。
10. 王陽明，《傳習錄》（台北：正中書局，1954）。
11. 王鳴盛，《十七史商榷》（台北：廣文書局，1971）。
12. 王鳴盛，《西莊居士始存稿》（收入於《續修四庫全書》1434，上海：上海古籍

出版社，1995）。

13. 王應奎，《柳南隨筆續筆》（北京：中華書局，1997）。

14. 司馬光撰，胡三省注，《新校資治通鑑注》（台北：世界書局，1987）。

15. 全祖望，《鮚埼亭集》（台北：商務印書館，1975）。

16. 朱明鎬，《史糾》（收入《景印文淵閣四庫全書》688，台北：商務印書館，1983）。

17. 朱彝尊，《曝書亭集》（台北：世界書局，1964）。

18. 朱鵬壽，《安樂康平室隨筆》（北京：中華書局，1997）。

19. 江藩，《漢學師承記》（收入於《清代傳記叢刊》1，台北：明文書局，1986）。

20. 何焯，《義門先生集》（收入於《續修四庫全書》1420，上海：上海古籍出版社，1995）。

21. 何焯，《義門讀書記》（日本京都：中文出版社，1982）。

22. 吳增僅，《三國郡縣表附考證》（收入於《二十五史補編》3，北京：中華書局，1955）。

23. 吳縝，《新唐書糾謬》（收入於《四部叢刊三編‧史部》123，台北：商務印書館，1976）。

24. 李元度，《清朝先正事略》（收入於《清代傳記叢刊》192～193，台北：明文書局，1986）。

25. 李昉等，《太平御覽》（收入於《景印文淵閣四庫全書》893～901，台北：商務印書館，1983）。

26. 李慈銘撰，《越縵堂讀書記三十卷目錄一卷》（台北：世界書局，1961）。

27. 杜佑，《通典》（北京：中華書局，1990）。

28. 沈約，《宋書》（北京：中華書局，1997）。

29. 沈家本，《三國志瑣言》（收入於《續修四庫全書》451，上海：上海古籍出版社，1995）。

30. 汪兆鏞，《嶺南畫徵略》（收入於《清代傳記叢刊》80，台北：明文書局，1986）。

31. 汪兆鏞纂錄，《碑傳集三篇》（收入於《清代傳記叢刊》124～126，台北：明文書局，1986）。

32. 周中孚，《鄭堂讀書記》（台北：新文豐，1985）。

33. 周嘉猷，《三國紀年表》（收入於《二十五史補編》2，北京：中華書局，1955）。

34. 周壽昌，《三國志證遺》（收入於《叢書集成新編》113，台北：新文豐，1984）。

35. 周廣業，《季漢職官考》（收入於《續修四庫全書》747，上海：上海古籍出版

社，1995）。

36. 周駿富編，《清代傳記叢刊索引》（收入於《清代傳記叢刊》203～205，台北：明文書局，1986）。

37. 尚鎔，《三國志辨微》二卷、《三國志續辨疑》三卷（收入於《四庫未收書輯刊》第陸輯5，北京：北京出版社，2000）。

38. 房玄齡，《晉書》（北京：中華書局，1997）。

39. 杭世駿，《三國志補注》（收入於《景印文淵閣四庫全書》254，台北：商務印書館，1983）。

40. 杭世駿，《道古堂文集》（收入於《續修四庫全書》1426，上海：上海古籍出版社，1995）。

41. 法式善，《陶廬雜錄》（北京：中華書局，1997）。

42. 邵博，《邵氏聞見後錄》（北京：中華書局，1997）。

43. 侯康，《三國志補注續》（收入於《叢書集成新編》113，台北：新文豐，1984）。

44. 侯康，《補三國藝文志》（收入於《二十五史補編》3，北京：中華書局，1955）。

45. 姚思廉，《梁書》（北京：中華書局，1997）。

46. 姚振宗，《三國藝文志》（收入於《二十五史補編》3，北京：中華書局，1955）。

47. 昭明太子等，《文選附考異》（台北：藝文印書館，1955）。

48. 洪亮吉，《洪北江遺集》（台北：華文書局，1969）。

49. 洪亮吉，《補三國疆域志》（收入於《二十五史補編》3，北京：中華書局，1955）。

50. 洪飴孫，《三國職官表》（收入於《後漢書三國志補表補志三十種》下，北京：中華書局，1984）。

51. 紀昀，《四庫全書總目》（台北：藝文印書館，1964）。

52. 范曄著、司馬彪補志，《後漢書》（北京：中華書局，1996）。

53. 郁松年，《續後漢書札記》（上海：商務印書館，1937）。

54. 孫星衍，《寰宇訪碑錄》（收入於《續修四庫全書》904，上海：上海古籍出版社，1995）。

55. 孫星衍輯，《漢官六種》（北京：中華書局，1990）。

56. 徐世昌，《清儒學案小傳》，《清代傳記叢刊》5～7，台北：明文書局，1986）。

57. 班固，《漢書》（北京：中華書局，1997）。

58. 袁宏，《後漢紀》（台北：商務印書館，1971）。

59. 袁枚，《小倉山房文集》（收入於《小倉山房詩文集》3，台北：中華書局，

1966）。

60. 郝經,《續後漢書》（上海：上海商務印書館,1937）。

61. 高宗乾隆,《御批通鑑輯覽》（台北：新興書局,1959）。

62. 國史館,《清史列傳》（台北：中華書局,1983）。

63. 常璩著,任乃強校注,《華陽國志校補圖注》（上海：上海古籍出版社,1994）。

64. 康發祥,《三國志補義》（收入於《四庫未收書輯刊》第參輯 11,北京：北京出版社,2000）。

65. 張季易,《清代毗陵名人小傳》（收入於《清代傳記叢刊》197,台北：明文書局,1986）。

66. 張季易,《清代毗陵書目》（收入於《清代傳記叢刊》197,台北：明文書局,1986）。

67. 梁章鉅,《三國志旁證》（福建：福建人民出版社,2000）。

68. 脫脫,《宋史》（北京：中華書局,1997）。

69. 許嵩,《建康實錄》（收入於《筆記小說大觀》20,台北：新興書局,1977）。

70. 郭麟,《國志蒙拾》（收入於《叢書集成續編》273,台北：新文豐,1985）。

71. 陳振孫,《直齋書錄解題》（日本京都：中文出版社,1984）。

72. 陳康祺,《郎潛紀聞二筆》（北京：中華書局,1997）。

73. 陳景雲,《三國志辨誤》（收入於《景印文淵閣四庫全書》254,台北：商務印書館,1983）。

74. 陳澧,《東塾讀書記》（台北：世界書局,1961）。

75. 陸以湉,《冷廬雜識》（北京：中華書局,1997）。

76. 陶宗儀,《南村輟耕錄》（北京：中華書局,1997）。

77. 章學誠,《章氏遺書》（台北：漢聲出版社,1973）。

78. 魚豢著,張鵬一輯,《魏略輯本》（收入於《三國志附編》,台北：鼎文書局,1990）。

79. 楊晨,《三國會要》（台北：世界書局,1975）。

80. 萬斯同,《補歷代史表》（收入於《景印文淵閣四庫全書》402,台北：商務印書館,1983）。

81. 葉夢得,《石林燕語》（北京：中華書局,1997）。

82. 葉德輝,《書林清話》（北京：中華書局,1959）。

83. 葛洪,《抱朴子內篇校釋》（北京：中華書局,1996）。

84. 虞世南,《北堂書鈔》（北京：學苑出版社,1998）。

85. 趙一清,《三國志注補》（收入於《續修四庫全書》274,上海：上海古籍出版社,1995）。

86. 趙作羹，《季漢紀》（台北：文海出版社，1974）。

87. 趙爾巽等，《清史稿》（北京：中華書局，1998）。

88. 趙翼，《陔餘叢考》（台北：世界書局，1960）。

89. 趙翼著、杜維運考證，《廿二史箚記》（台北：樂天出版社，1971）。

90. 劉知幾著、浦起龍注，《史通通釋》（台北：九思出版社，1978）。

91. 劉勰著，黃叔琳等補注，《文心雕龍校注》（台北：世界書局，1963）。

92. 劉聲木，《萇楚齋隨筆續筆三筆》（北京：中華書局，1997）。

93. 劉體智，《異辭錄》（北京：中華書局，1997）。

94. 歐陽詢，《藝文類聚》（收入於《景印文淵閣四庫全書》887～888，台北：商務印書館，1983）。

95. 潘眉，《三國志考證》（收入於《續修四庫全書》274，上海：上海古籍出版社，1995）。

96. 蔡冠洛編纂，《清代七百名人傳》（收入於《清代傳記叢刊》194～197，台北：明文書局，1986）。

97. 諸葛亮著，段熙仲、聞旭初編校，《諸葛亮集》（北京：中華書局，1976）。

98. 鄭樵，《通志》（台北：新興書局，1963）。

99. 盧文弨，《抱經堂文集》（收入於《續修四庫全書》1432，上海：上海古籍出版社，1995）。

100. 盧弼，《三國志集解》（台北：藝文印書館，1982）。

101. 蕭常，《續後漢書》（收入於《墨海金壺叢書》11，台北：大通書局，1969）。

102. 錢大昕，《十駕齋養新錄》（台北：世界書局，1953）。

103. 錢大昕，《諸史拾遺》（收入於《續修四庫全書》455，上海：上海古籍出版社，1995）。

104. 錢大昕著、陳文和主編，《嘉定錢大昕全集》，南京：江蘇古籍出版社，1997）。

105. 錢大昭，《三國志辨疑》（台北：弘道文化，1973）。

106. 錢林，《文獻徵存錄》（收入於《清代傳記叢刊》10～11，台北：明文書局，1986）。

107. 錢儀吉，《三國志證聞》（收入於《叢書集成續編》8，台北：新文豐，1985）。

108. 錢儀吉，《碑傳集》（收入於《清代傳記叢刊》106～114，台北：明文書局，1986）。

109. 謝鍾英，《三國大事表》（收入於《二十五史補編》2，北京：中華書局，1955）。

110. 謝鍾英，《補三國疆域志補注》（收入於《二十五史補編》3，北京：中華書

局，1955）。

111. 嚴可均輯校，《全上古三代秦漢三國六朝文》（北京：中華書局，1955）。

112. 顧炎武著、黃汝誠集釋，《日知錄集釋》（長沙：岳麓書社，1994）。

113. 龔自珍，《龔自珍全集》（台北：河洛圖書出版社，1975）。

（三）專書

1. 小沼勝衛編，《東洋文化史大系‧漢魏六朝時代》（東京：成文堂新光社，1940）。

2. 尹達，《中國史學發展史》（台北：天山出版社，出版年不詳）。

3. 方祖猷，《萬斯同評傳》，南京：南京大學出版社，1996）。

4. 方國瑜，《中國西南歷史地理考釋》（台北：台灣商務書局，1990）。

5. 王汎森等，《20 世紀的中國學術與社會史學卷（上）》（山東：山東人民出版社，2001）。

6. 王俊義、黃愛平，《清代學術文化史論》（台北：文津出版社，1999）。

7. 王紀錄，《中國史學思想通史》清代卷（安徽：黃山書社，2001）。

8. 王雲五主編，《續修四庫全書提要》（台北：商務印書館，1970）。

9. 伍野春，《裴松之評傳》（南京：南京大學出版社，1998）。

10. 成都市諸葛亮研究會主編，《諸葛亮研究》（成都：巴蜀書社，1985）。

11. 余明俠，《諸葛亮評傳》（南京：南京大學出版社，1996）。

12. 余嘉錫，《四庫提要辨證》（北京：中華書局，1980）。

13. 吳宏一，《清代詩學初探》（台北：學生書局，1985）。

14. 吳金華，《三國志校詁》（江蘇：江蘇古籍出版社，1990）。

15. 吳金華，《三國志叢考》（上海：上海古籍出版社，2000）。

16. 吳金華，《古文獻研究叢稿》（南京：江蘇教育出版社，1995）。

17. 李純姣，《三國志研究》（四川：巴蜀書社，2002）。

18. 李殿元、李紹先，《三國演義中的懸案》（成都：四川人民出版社，1994）。

19. 杜維運，《中國史學史》（台北：三民出版，1998）。

20. 杜維運，《史學方法論》（台北：三民出版，1985）。

21. 杜維運，《乾嘉時代之史學與史家》（台北：學生書局，1989）。

22. 杜維運，《清代史學與史家》（台北：東大出版，1991）。

23. 林慶彰，《明代考據學研究》（台北：學生書局，1986）。

24. 金毓黻，《中國史學史》（台北：鼎文書局，1986）。

25. 姜亮夫纂，《歷代人物年里碑傳綜表》（香港：中華書局，1976）。

26. 恒慕義等，清代名人傳略翻譯組翻譯，《清代名人傳略》（西寧：青海人民出版社，1990）。

27. 倉修良等，《中國史學名著評介》（台北：里仁出版，1994）。

28. 宮川尚志，《六朝史研究》（東京：日本學術振興會印行，1956）。

29. 宮崎市定，《九品官人法之研究》（京都：京都大學東洋史研究會，1956）。

30. 祝總斌，《兩漢魏晉南北朝宰相制度研究》（北京：中國社會科學出版社，1998）。

31. 秦永洲，《中國社會風俗史》（山東濟南：山東人民出版社，2000）。

32. 馬植杰，《三國史》（北京：人民出版社，1994）。

33. 高敏，《魏晉南北朝兵制研究》（河南：大象出版社，2000）。

34. 張元濟，《校史隨筆》（上海：古籍出版社，1998）。

35. 張元濟著、王紹曾等整理，《三國志校勘記》（北京：商務印書館，1999）。

36. 張舜徽，《中國古籍校讀法》（台北：里仁書局，1988）。

37. 張麗珠，《清代義理學研究》（台北：里仁書局，1999）。

38. 梁啟超，《中國近三百年學術史》（台北：里仁，1995）。

39. 梁啟超，《中國歷史研究法》（台北：台灣商務印書館，1966）。

40. 梁啟超，《近代學風之地理的分佈》（台北：中華書局，1956）。

41. 梁啟超，《清代學術概論》（收入於《中國學術經典‧梁啟超卷》，河北：河北教育出版社，1996）。

42. 陳長琦，《兩晉南朝政治史稿》（河南：河南大學出版社，1992）。

43. 陳垣，《史諱舉例》（台北：文史哲出版社，1974）。

44. 陳垣，《校勘學釋例》（北京：中華書局，1959）。

45. 陳垣，《通鑑胡注表微》（台北：華世出版社，1974）。

46. 陳琳國，《魏晉南北朝政治制度研究》（台北：文津出版社，1994）。

47. 陳翔華，《諸葛亮形象史研究》（杭州：浙江古籍出版社，1990年12月。

48. 陶元珍，《三國食貨志》（台北：商務印書館，1989）。

49. 堀池信夫，《漢魏思想史研究》（東京：明治書院，1988）。

50. 喬治忠，《清朝官方史學研究》（台北：文津出版社，1994）。

51. 彭國棟《重修清史藝文志》（台北：商務印書館，1968）。

52. 黃兆強，《清人元史學探研──清初至清中葉》（台北：稻鄉出版社，2000）。

53. 逯耀東，《魏晉史學及其他》（台北：東大圖書，1997）。

54. 逯耀東，《魏晉史學的思想與社會基礎》（台北：東大圖書，2000）。

55. 楊向奎，《清儒學案新編》（山東：齊魯書社，1994）。

56. 楊耀坤，《陳壽評傳》（南京：南京大學出版社，1998）。

57. 楊耀坤，《魏晉南北朝史論稿》（成都：成都出版社，1993）。

58. 葛榮晉主編，《中國實學思想史》下卷（北京：首都師範大學出版社，1994）。

59. 雷家驥，《中古史學觀念史》（台北：學生書局，1990）。

60. 漆永祥，《乾嘉考據學研究》（北京：中國社科，1998）。

61. 趙幼文，《三國志校箋》（四川：巴蜀書社，2001）。

62. 趙超，《漢魏南北朝墓誌彙編》（天津：天津古籍出版社，1992）。

63. 劉咸炘，《四史知意》（台北：鼎文書局，1976）。

64. 劉偉航，《三國倫理研究》（四川：巴蜀書社，2002）。

65. 蔡東洲、文廷海，《關羽崇拜研究》（成都：巴蜀書社，2001）。

66. 鄭偉章，《文獻家通考》（北京：中華書局，1999）。

67. 錢穆，《中國近三百年學術史》（台北：商務印書館，1976）。

68. 瞿林東，《史學與史學評論》（合肥：安徽教育，1998）。

69. 羅炳良，《十八世紀中國史學的理論成就》（北京：中華書局，1998）。

70. 羅振玉，〈三國志證聞校勘記〉（收入於《叢書集成續編》8，台北：新文豐，1989）。

71. 嚴明，《洪亮吉評傳》（台北：文津出版社，1993）。

72. 嚴耕望，《中國地方行政制度史上篇──卷中：魏晉南北朝地方行政制度》（台北：中央研究院，1958）。

73. 饒宗頤，《中國史上的正統論》（香港：龍門書局印行，1977）。

（四）期刊論文

1. 片山章雄著、季忠平譯，〈吐魯番、敦煌發現的《三國志》寫本殘卷〉，《文教資料》2000.3。

2. 王民、邱勇強，〈道光朝經世派群體考略〉，《東南學術》，2001.5。

3. 王育民，〈三國人口探索〉，《歷史地理》6，1992。

4. 王酉梅，〈乾嘉藏書家與吳派史學〉，《圖書館學研究》，1998.3。

5. 王建生，〈趙甌北的史學成就〉，《東海學報》29，1988.6。

6. 王紀錄，〈錢大昕歷史考据學的淵源、理論和方法〉，《山西師大學報（社會科學版）》，1997.2。

7. 王樹民，〈《陔餘叢考》述評〉，《河北師范大學學報（哲學社會科學版）》，2000.2。

8. 王樹民，〈王鳴盛的經史之學〉，《河北師范大學學報（哲學社會科學版）》，1998.3。

9. 王樹民，〈錢大昕學術思想述評〉，《河北師院學報（社會科學版）》，1997.1。

10. 王瓊，〈乾嘉學派的成因及其評價〉，《圖書館學研究》，1999.4。

11. 伊藤德男，〈關於魏略的成書年代〉，收入於《歷史學研究》4〜1，1935。

12. 朱大渭，〈晉書的評價與研究〉，《史學史研究》，2000.4。

13. 吳宗儒，〈清代學風與清儒元史學〉，政大歷史所碩士論文，1998。

14. 宋偉民，〈論王夫之的治學方法〉，《中國文化月刊》186，1995.4。

15. 尾崎康，〈關於宋元刊三國志及晉書〉，收入於《斯道文庫論集》16，1977。

16. 李耀仙，〈《三國志》新衡〉，《中華文化論壇》，1994.1。

17. 沈伯俊，〈《三國志》的誕生和流傳〉，《中華文化論壇》，1996.1。

18. 沈祖祥，〈官渡之戰是以少勝多的戰役嗎？〉，《江漢論壇》，頁61～67。

19. 汪嘉玲、游均晶，〈乾嘉學術研究論著目錄〉（下），《中國文哲研究通訊》4：2，1994.6。

20. 汪嘉玲、游均晶，〈乾嘉學術研究論著目錄〉（上），《中國文哲研究通訊》4：1，1994.3。

21. 周國林，〈文質辨洽：《三國志》的史文特色〉，《史學史研究》，1994.2。

22. 俞樟華，〈輪乾嘉學派考證史記的成果〉，《古籍整理研究學刊》，1996.5。

23. 范家偉，〈陳壽與「晉書」限斷爭議〉，《大陸雜誌》97：3，1998.9。

24. 孫克寬，〈厲樊榭學侶杭世駿〉，《大陸雜誌》59：6，1979.12。

25. 徐家驥，〈試論趙翼對史記、漢書的研究〉，《內蒙古師大學報（哲學社會科學版）》，2000.1。

26. 耿立群，〈蜀漢對西南的統治與開發〉，台北：台灣大學歷史研究所碩士論文，1984。

27. 張榮芳，〈魏晉至唐時期的《漢書》學〉，收入《第三屆中西史學史研討會論文集》，1988。

28. 涂允文撰，〈三國演義的歷史敘述與認知：大眾文化歷史思維之研究〉，台中：東海大學歷史所碩士論文，1998。

29. 曾鼎甲，〈論《台灣省通志稿》之纂修——以革命、學藝、人物三志爲例〉，台中：中興大學歷史所碩士論文，1999。

30. 涂宗濤，〈盧弼和他的《三國志集解》〉，《天津師大學報（社會科學版）》，1995.3。

31. 張惠貞，〈王鳴盛的史學〉，《人文及社會學科教學通訊》18，1993.4。

32. 張惠貞，〈論乾嘉史學家王鳴盛之學術背景及治史目的〉，《人文及社會學科教學通訊》54，1999.4。

33. 張晶萍，〈乾嘉學者的學術交流〉，《安徽史學》，2002.2。

34. 張麗珠，〈清代考據學爲什麼興起〉，《故宮學術季刊》15：1，1997。

35. 張麗珠，〈清代學術對宋明義理的突破〉，《故宮學術季刊》13：3，1996.春。

36. 敖光旭，〈20 世紀的乾嘉考據學成因研究及其存在的問題〉，《中山大學學報（社會科學版）》，2001.1。

37. 陳乃乾，〈二十四史注補表譜考證書籍簡目〉，《中國歷史文獻研究集刊》4。

38. 陳居淵，〈清代的家學與經學──兼論乾嘉漢學的成因〉，《漢學研究》16：2，1998.12。

39. 陳鴻森，〈清代學術史叢考〉，《大陸雜誌》87：3，1993.9。

40. 陸寶千，〈嘉道史學─從考據到經世〉，《中央研究院近代史研究所集刊》4，下），1974.12。

41. 黃大受，〈三國志及裴注之研究〉，《再生》2：10，1972.10。

42. 黃大受，〈三國志及裴注之研究──續完──〉，《再生》3：2，1973.2。

43. 黃大受，〈三國志考略〉，《東方雜誌》9：10，1976.4。

44. 黃大受，〈三國志注與裴松之〉，《東方雜誌》10：1，1976.7。

45. 黃兆強，〈清人研究元史的動機、特色和貢獻析論〉《東吳文史學報》6，2000.3。

46. 黃啟華，〈乾嘉考據學興起的一些線索─兼論顧炎武錢大昕學術思想的發展關係〉，《故宮學術季刊》8：3，1991.春。

47. 黃啟華，〈錢大昕的史學述論〉，《國史館館刊》16，1994.6。

48. 逯耀東，〈從隋書經籍志史部的形成論魏晉史學轉變的歷程〉，《食貨》10：4，1980.7。

49. 逯耀東，〈漢晉間史學思想變遷的痕跡─以列傳和別傳爲範圍所作的討論〉，《臺大歷史學報》22，1998.12。

50. 逯耀東，〈裴松之三國志注引雜傳集釋〉，《國立台灣大學歷史學系學報》1，1974.5。

51. 逯耀東，〈裴松之與三國志注研究〉，《國立編譯館館刊》3：1，1974.3。

52. 逯耀東，〈裴松之與魏晉史學評論〉，《食貨月刊》15，1985.9。

53. 逯耀東，〈魏晉志異小說與史學的關係〉，《食貨月刊》12，1982.8。

54. 楊緒敏，〈清初與乾嘉時期學風的嬗變及學者治學特點〉，《江蘇社會科學》，2001.5。

55. 熊德基，〈九品中正制考實〉，收入於《六朝史考實》（北京：中華書局，2000。

56. 劉仲華，〈試析清代考据學中以子証經、史的方法〉，《清史研究》，2001.1。

57. 暴鴻昌，〈清代的遼金史學〉，《史學集刊》，2000.4。

58. 蔡東洲，〈宋儒的魏蜀正僞論爭與改修《三國志》之風〉，《四川師院學報》，1993.5。

59. 鄭天挺，〈杭世駿三國志補注與趙──清三國志注補〉，收入於氏著《清史探微》，北京：北京大學出版社，2001。

60. 錢劍夫，〈三國志標點本商榷〉，《中國語文》2，1978。

61. 錢劍夫，〈盧弼三國志集解校點記〉，《文獻》1，1985。

62. 閻步克，〈《魏官品》產生時間考〉，收入於《閻步克自選集》，北京：中國社會科學出版社，1998。

63. 韓毓璿等，〈近三十年來「三國志」研究概況〉，《史苑》54，1993.5。

64. 羅炳良，〈王鳴盛史論性質商榷〉，《學術研究》，2001.8。

65. 羅炳良，〈乾嘉史家的考史方法〉，《求是學刊》，2000.1。

66. 羅炳良，〈清代乾嘉史家史學批評方法論的幾個問題〉，《河北學刊》，1999.2。

67. 蘇杰，〈三國志校詁拾零〉，《古籍整理研究學刊》，2001.5。

68. 欒繼生，〈對陳壽及《三國志》所遭非議的辨正〉，《北方論叢》，1995.6。

（五）工具書

1. 中國史學史辭典編纂委員會，《中國史學史辭典》，台北：明文書局，1990。

2. 張舜徽，《三國志辭典》，山東：教育出版社，1992。

3. 譚其驤主編，《中國歷史地圖集》，上海：中國地圖出版社，1990。

（六）網路資源

中央研究院漢籍資料庫 http：//www.sinica.edu.tw/ftms-bin/ftmsw3

附錄一：清代《三國志》研究一覽表

本表收入著作標準：

1. 僅數條未成一卷的雜記性《三國志》研究，本表不予收入
2. 部分著作傳主雖逝世於民國，但本表以成書於清代爲主，故傳主雖卒於民國年間亦收入其中
3. 各書內容如有多種性質在內的書籍，本表仍以著者序論中表達的意願，做爲分類標準，因此像王鳴盛著作有考證有評論者，仍列入考證一門中。

清代《三國志》研究一覽表

作　　　者	書　　　名	類別	資　料　來　源
萬斯同 （1638-1702）	《三國大事年表》 《三國季漢方鎭年表》 《三國諸王世表》 《魏國將相大臣年表》 《魏方鎭年表》 《漢將相大臣年表》 《吳將相大臣年表》	補表	《陳壽評傳》，頁 144。
周在浚 （清初人物）	《天發神讖碑釋文》一卷 《天發神讖碑考》一卷 《天發神讖碑考附錄》二卷	輯佚 考證 考證	《重修清史藝文志》二史部金石類，頁 173。
王復禮 （康雍時人）	《季漢五志》十二卷	輯佚	《清史稿校註》卷一百五十三，藝文二，頁 4052。
唐禪辰 （康雍時人）	《季漢史傳》四十三卷	改編	《清代毗陵名人小傳》卷二，唐禪辰，頁 49。
趙作羹 （康雍時人）	《季漢紀》 《國志陳評贅言》一卷	改編 評論	《中國古籍善本書目》史部上，頁 62。

作　者	書　名	類別	資　料　來　源
陳景雲 （1669-1747）	《三國志校誤》三卷〔註1〕	校勘	王峻，〈陳先生景雲墓誌銘〉，《碑傳集》卷一百三十三，頁543
杭世駿 （1698-1773）	《三國志補注》六卷	補充	《文獻徵存錄》卷五杭世駿，頁841。
牛運震 （1706-1758）	《讀史糾誤·三國志》一卷	評論	彭國棟，《重修清史藝文志》二史部史評類，頁177。
盧文弨 （1717-1795）	《三國志續考證》一卷	考證	《重修清史藝文志》二史部正史類，頁71。
王鳴盛 （1722-1807）	《十七史商榷·三國志》四卷	考證	《清史稿校註》卷一百五十三，藝文二，頁4047。
趙翼 （1727-1814）	《廿二史箚記·三國志》一卷半 《三國志注引用書目》一卷	評論 考證	《重修清史藝文志》二史部正史類，頁72。
錢大昕 （1728-1804）	《廿二史考異·三國志》三卷	考證	《清代樸學大師列傳》卷三錢大昕，頁124。
周廣業 （1730-1798）	《季漢官爵考》三卷	補志	《清儒學案小傳》（二）卷九耕崖學案，頁275。
趙一清 （1731-？）	《三國志注補》六十五卷	補充	鄭天挺，〈杭世駿三國志補注與趙一清三國志注補〉，《清史探微》
吳騫 （1733-1813）	《國山碑考》一卷	輯佚 考證	《重修清史藝文志》二史部金石類，頁173。
錢大昭 （1744-1813）	《三國志辨疑》三卷	考證	《清代樸學大師列傳》卷三錢大昭，頁125。
洪亮吉 （1746-1809）	《補三國疆域志》〔註2〕二卷 《四史發伏·三國志》	補志 考證	《清儒學案小傳》（二）卷十一北江學案，頁463。 《清代毗陵書目》卷二，頁533。
周嘉猷 （1751-1796）	《三國紀年表》	補表	《重修清史藝文志》二史部正史類，頁72。
潘眉 （嘉慶時人）	《三國志考證》八卷	考證	《重修清史藝文志》二史部正史類，頁71。
郭麟〔註3〕 （嘉慶時人）	《國志蒙拾》二卷	注釋	《重修清史藝文志》二史部正史類，頁71。
尚鎔 （嘉慶時人）	《三國志辨微》二卷 《三國志續辨疑》三卷	評論 評論	《清史列傳》卷七十三文苑傳四，頁90。

〔註1〕景雲此書《蘇州府志》作《三國志舉證》四卷，然據王峻〈陳先生景雲墓誌銘〉、《清史列傳》、〈初月樓聞見錄〉等，皆作《三國志校誤》三卷，今從後說。

〔註2〕《重修清史藝文志》稱亮吉此作為《補三國疆域表》，但洪氏自序中稱此書為《補三國疆域志》，《重修清史藝文志》有誤。

〔註3〕楊耀坤《陳壽評傳》以郭鑒為《國志蒙拾》作者，據《清儒學案小傳》、《重修清史藝文志》郭麟才是《國志蒙拾》作者。

作　　者	書　　名	類別	資　料　來　源
李祖陶 （嘉慶時人）	《讀三國志書後》一卷	評論	《重修清史藝文志》二史部史評類，頁177。
俞鴻漸 （乾嘉時人）	《讀三國志隨筆》一卷	不詳	《葭楚齋隨筆三筆》卷二俞樾祖父撰述，頁505。
李官龍等 （乾隆時人）	武英殿本《三國志》附考證	編著、校勘	《文淵閣四庫全書》
黃奭 （乾嘉時人）	《三國志注引》	輯佚	國家圖書館善本叢書
吳卓信 （1755-1823）	《補三國食貨志》二卷 《補三國刑法志》二卷 《三國志補表》十六卷	補志 補志 補表	《中國古籍善本書目》史部上，頁61。 《重修清史藝文志》二史部正史類，頁72。
嚴可均 （1762-1843）	《三國文》	輯佚	《清史稿校註》卷四百八十九，儒林三，頁11088。
阮元 （1764-1849）	《三國志疑年錄》一卷	編著	《清史稿校註》卷一百五十三，藝文二，頁4052。
洪飴孫 （1773-1816）	《三國職官表》三卷	補表	《清儒學案小傳》（二）卷十一北江學案，頁468。
沈欽韓 （1775-1832）	《三國志補注》四卷 《三國志釋地理》八卷 《三國志補注訓詁》八卷 《三國志札記》一卷	注釋 注釋 注釋 考證	王鎏，〈甯國縣訓導沈君墓誌銘〉，《續碑傳集》卷七十六，頁399。 《重修清史藝文志》二史部史鈔類，頁108。 陳乃乾，〈二十四史注補表譜考證書籍簡目〉，《中國歷史文獻研究集刊》4，頁210。
梁章鉅 （1775-1849）	《三國志旁證》三十卷	集解	《重修清史藝文志》二史部正史類，頁72。
張澍 （1781-1847）	《補三國疆域志》一卷	補志	〈二十四史注補表譜考證書籍簡目〉，《中國歷史文獻研究集刊》，頁212。
錢儀吉 （1783-1850）	《三國志證聞》三卷 《三國會要》	考證 補志	《清儒學案小傳》（三）卷十五嘉興二錢學案，頁20。
侯康 （1798-1837）	《三國志補注》一卷 《補三國藝文志》	補充 補志	《重修清史藝文志》二史部正史類，頁72。
章陶 （道光時人）	《季漢書》九十卷	改編	《清史稿校註》卷一百五十三，藝文二，頁4052。
周明泰 （道光時人）	《三國志世系表》	補表	〈二十四史注補表譜考證書籍簡目〉，《中國歷史文獻研究集刊》，頁211。
湯成烈 （道光時人）	《季漢書》六十六卷	改編	《清代毗陵書目》卷二，頁532。

作　者	書　名	類別	資料來源
郁松年 （道光）	《續後漢書札記》	考證	〈二十四史注補表譜考證書籍簡目〉，《中國歷史文獻研究集刊》，頁 212。
康發祥 （咸豐時人）	《三國志補義》十三卷	考證	《重修清史藝文志》二史部正史類，頁 72。
周壽昌 （1814-1884）	《三國志證遺》四卷補四卷	考證	《重修清史藝文志》二史部正史類，頁 72。
李慈銘 （1829-1894）	《三國志札記》一卷	考證	《重修清史藝文志》二史部正史類，頁 71。
周星詒 （1833-1904）	《三國志考證校語》一卷	改編	〈二十四史注補表譜考證書籍簡目〉，《中國歷史文獻研究集刊》，頁 211。
楊守敬 （1839-1914）	《三國郡縣表補正》八卷	訂補	《重修清史藝文志》二史部正史類，頁 72。
沈家本 （1840-1913）	《三國志瑣言》四卷 《三國志校勘記》七卷 《三國志所引用書目》二卷	考證 校勘 考證	王式通，〈吳興沈公子惇墓誌銘〉，《碑傳集補》卷六，頁 417。 《重修清史藝文志》二史部正史類，頁 72。
姚振宗 （1842-1906）	《三國藝文志》	補志	《清史稿校註》卷四百九十二文苑二，頁 11193。
丁謙 （1843-1919）	《三國志烏桓鮮卑東夷附魚豢魏略西戎傳地理考釋》一卷	考證	《重修清史藝文志》二史部正史類，頁 72。
周家祿 （1846-1909）	《三國志校勘記》	校勘	顧錫爵，〈海門周府君墓誌銘〉，《碑傳集補》，頁 313
徐紹楨 （1861-1936）	《三國志質疑》	考證	楊耀坤，《陳壽評傳》，頁 144。
陳慶年 （1862-1929）	《補三國志儒林傳》	補充	中國史學史辭典編纂委員會，《中國史學史辭典》，377-378。
吳廷燮 （1865-1947）	《三國方鎮年表》	補表	中央研究院傅思年圖書館館藏
王仁俊 （1866-1914）	《三國志佚文》一卷	輯佚	《重修清史藝文志》二史部正史類，頁 75。
林國贊 （清末時人）	《三國志裴注述》二卷 《讀三國志雜志》四卷	考證 不詳	〈二十四史注補表譜考證書籍簡目〉，《中國歷史文獻研究集刊》，頁 211。
楊晨 （清末時人）	《三國志札記》一卷 《三國會要》	考證 補志	〈二十四史注補表譜考證書籍簡目〉，《中國歷史文獻研究集刊》，頁 211。
黃紹昌 （清末時人）	《三國志音釋》一卷	注釋	《嶺南畫徵略》卷十，頁 292。
史珥 （清末時人）	《三國志剿說》四卷	評論	《重修清史藝文志》二史部正史類，頁 71。

作　　　者	書　　　名	類別	資　料　來　源
趙曉榮 （清末時人）	《三國闡微》	評論	〈二十四史注補表譜考證書籍簡目〉，《中國歷史文獻研究集刊》，頁 211。
吳增僅 （清末時人）	《三國郡縣表附考證》八卷	補表	《重修清史藝文志》二史部正史類，頁 72。
謝鐘英 （清末時人）	《三國大事表》一卷 《補三國疆域志補注》十五卷 《三國疆域表》二卷 《三國疆域志疑》一卷	補表 訂補 補表 訂補	《清代毗陵名人小傳》卷九，謝鍾英，頁 255。 《清代毗陵書目》卷二，頁 532。 《重修清史藝文志》二史部正史類，頁 72。
范本禮 （清末時人）	《吳疆域圖說》三卷	不詳	〈二十四史注補表譜考證書籍簡目〉，《中國歷史文獻研究集刊》，頁 212。
陶憲曾 （清末時人）	《補侯康三國藝文志補》	訂補	《重修清史藝文志》二史部正史類，頁 72。
汪兆鏞 （清末時人）	《補三國食貨刑法志》一卷	補志	張學華，〈誥授朝議大夫湖南優貢知縣汪君行狀〉，《稿本晉會要》附錄，頁 675。
恩華 （清末時人）	《求真是齋讀三國志朔閏表》一卷	補志	《中國古籍善本書目》史部上，頁 61。
朱彭壽 （清末時人）	《三國人生卒年月表》二卷 《三國志氏族表》四卷 《三國志校勘記》四卷	補表 補表 校勘	《安樂康平室隨筆》卷六，頁 283。
尹彭壽 （清末時人）	《魏晉石存目》一卷	輯佚	《重修清史藝文志》二史部金石類，頁 173。
鄒樹榮 （時代不詳）	《三國志偶辨》	考證	《重修清史藝文志》二史部正史類，頁 72。
黃大華 （時代不詳）	《三國志三公宰輔年表》	補表	〈二十四史注補表譜考證書籍簡目〉，《中國歷史文獻研究集刊》，頁 211。
湯裕芬 （時代不詳）	《補三國疆域志今釋》	注釋	〈二十四史注補表譜考證書籍簡目〉，《中國歷史文獻研究集刊》，頁 211。
不詳	《三國史辨》	不詳	《中國古籍善本書目》史部上，頁 62。
張廉 （時代不詳）	《季漢書辨誤》	訂補	《清代毗陵書目》卷二，頁 532。
謝道承 （時代不詳）	《漢魏碑刻記存》一卷	輯佚	《重修清史藝文志》二史部金石類，頁 173。
萬經 （時代不詳）	《漢魏碑考》一卷	輯佚 考證	《重修清史藝文志》二史部金石類，頁 171。

附錄二：略論《三國志集解》

　　盧弼六十五卷的《三國志集解》，可說是目前關於《三國志》研究的最佳注本，也是研究《三國志》的必備著作。本書除旁徵前人校勘成果與批校內容外，亦博採諸家說法以及考證內容，是總結前人研究的一部著作。就本書內容來看，最大特色莫過於廣納諸家之說，匯集豐富資料，正如盧弼在序中所言：「古人謂文必己出者，謂論著之文也，注家吸納眾流，援引患不徵實耳，不必盡出之己也」。〔註 1〕當然這是盧弼的自謙，因為《集解》不僅彙整了前人成果，還有他自己的看法。

　　在序言中，盧弼曾針對各種《三國志》版本略作評述，他認為「宋元舊刊，可資參證，間有誤失，貴能鑒別。衢本初印，已難覯意，三朝修補，亦失廬山。馮氏精校，世稱善本，俗書破體，訛奪亦多。西爽無足齒數，陳校批繆百端。金陵翻雕汲古，後勝於前」。〔註 2〕盧氏對各種版本的看法，實是透過前人校語與自己從事校勘時得到的經驗，而有此論。對前人研究《三國志》的成果，他也作了評價，指出「竹汀、晦之，昆仲濟美，如論精核，弟遜於兄。少章、慕廬，能見其大。大宗補注，精義無多。安溪侃侃，義正辭嚴。甌北、西莊談鋒犀利。稚安考證，多詳日月。東潛注補，包貫眾流。侯、姚藝文，姚為繁富。沈引書目，後來居先。……諸家成書，短長互見」。〔註 3〕從這一段評論不難發現盧氏的引書之廣，也可見他對清代治《三國志》者的深刻評價。

　　透過《集解》內容更容易看到盧弼此書不單單只是引書作注罷了。以《魏書一》為例，盧弼引李慈銘之說，認為「此書字及後蜀下吳下書字，皆後人所妄加，非承祚本有」，文後盧氏即加以辨正，引〈楊戲傳〉、〈董允傳〉注、陸雲與兄書、

〔註 1〕盧弼，〈三國志集解序例〉，收入於《三國志集解》，頁 1。
〔註 2〕〈三國志集解序例〉，收入於《三國志集解》，頁 1。
〔註 3〕盧弼，〈覆胡綏之先生書〉，收入於《三國志集解》，頁 8。

《華陽國志》等史料，以及「宋本、元本、馮本均作魏書，北監本始改爲魏志，官本承其誤」的版本源流，證明「是承祚本有書字，李說非是」。〔註4〕但因爲「不知摭拾不周，人疑闕漏，匡矯不力，慮失眞詮，雖云辭費，實非貿然」。〔註5〕所以明知誤說，《集解》還是照收，並非不知詮釋、選擇。

　　透過上述，即可看出《集解》「事宜存錄，畢取以補其闕；辭有乖雜，抄內以備異聞；言不附理，矯正以懲其妄」。「其有疑錯，則備論而闕之，以俟後賢」。〔註6〕除廣蒐各種版本進行校勘，博採眾家之說與大批史料注解外，也包含對前人說法的辨正以及盧弼的見解，內容可謂精實。儘管如此，在肯定盧弼《三國志集解》的同時，不能不注意到它的缺失。誠如吳金華先生所言：「篤信清代局本發展到無視百衲本乃至否定出土晉寫本殘卷」、「史書方面忽略了《梁書》、《建康實錄》之類，注音釋義方面忽略了《晉書音義》、蕭常《續後漢書》所附音義及清代以來研究成果如郁松年《續後漢書札記》等等。至於盧弼在書中不時抒發的某些史論，由於沒有吸收或融入二十世紀三十年代的新思想、新見解而不能爲《集解》增加更多的亮點」。〔註7〕這些批評可謂深刻而有據。《集解》的缺失不只如此，在校勘方面有引書不盡完善、以是爲非以及校勘未全；注解疏誤或闕而未注，以及考證、評論失實。下文就此予以深論。

一、引書不盡完善

　　雖然《三國志集解》搜羅的資料十分豐富，卻不能說是最完備的，據清代《三國志》研究書目表，盧弼書中就沒有楊晨《三國志札記》、黃紹昌《三國志音釋》、周星貽《三國志考證校語》、林國贊《三國志裴注述》、《讀三國志雜志》、周廣業《季漢官爵考》、鄒樹榮《三國志偶辨》、史珥《三國志剿說》等。而且在音義訓釋方面除「忽略了《晉書音義》、蕭常《續後漢書》所附音義及清代以來研究成果如郁松年《續後漢書札記》」外，「段王諸君精究訓詁，成就卓然，其足以申明故訓、闡發意蘊者，復未採擇」。〔註8〕這些研究成果未能收錄書中，亦是《集解》未備之處。

二、校勘的缺失

〔註4〕《三國志集解》，頁20。
〔註5〕〈三國志集解序例〉，收入於《三國志集解》，頁1。
〔註6〕〈三國志集解序例〉，收入於《三國志集解》，頁1。
〔註7〕《三國志叢考》，頁54。
〔註8〕趙幼文，〈三國志集解獻疑初稿序〉，收入於《三國志校箋》，頁2050。

　　就本書校勘內容來看，《集解》於「官私宋元刊本而外，兼錄諸家校本」，並且在校本中偶有所獲，則「悉舉諸家姓字」，或「冠以或曰」。〔註9〕可見《集解》的校勘是匯集前人成果與諸家版本而成。但在實際運用上，盧弼對各版《三國志》的不同看法，讓他有先入為主的觀念。如〈虞翻傳〉下盧弼認為近人張元濟以出土舊抄《吳志》殘卷改〈文帝紀〉黃初元年與〈劉繇傳〉之大司農為大農。以及本傳的「手殺善士」為「殺善士」；「天下熟知之」為「天下誰不知之」；「曹孟德尚殺孔文舉」為「曹孟德殺孔文舉」，盧弼全予否定，並稱「舊鈔所舉，多不足據」、「好古敏求則可，佞古而為古愚，則不可也」。〔註10〕但盧弼認為不足據者，都可從其他地方得到證明。如黃初元年的大農，據《文選》卷六左思〈魏都賦〉李善注云：「建安十八年，始置侍中、尚書、御史、符節、謁者、郎中令、太僕、大理、大農、少府、中尉」。〔註11〕又《藝文類聚》卷二十引《魏志》：「王脩為大農郎中令」。〈劉繇傳〉的大農亦可從《太平御覽》卷四百八十三、《冊府元龜》卷二百一十二的引文作「大農」可證。可知晉寫本《三國志》所書有其可信之處，並非孤證。趙幼文先生言：「此蓋盧君矜氣之隆，未能博事鈎稽，詳審得失，驟詆張氏為古所愚，是非平允之論也」，可謂得實。〔註12〕

　　盧弼不輕信宋元舊版的精神，頗足稱道，然認為「金陵翻雕汲古，後勝於前」，遂以局本為底本，值得商榷。如諸葛瞻任羽林中郎將，局本作翰林中郎將，而百衲本正作「羽林中郎將」，三國無翰林一語，自當以百衲本為正。〔註13〕又〈明帝紀〉內有「禮皇后無嗣」一句，《集解》引盧文弨校語，改皇后為王后。〔註14〕此說雖是，但近古存真的百衲本亦作「王后」。〔註15〕這些內容倘以宋本為底，則無須費力勘正。而被盧弼批評「無足齒數」的西爽本，「批謬百端」的陳校本在校勘時亦有可參處，如吳金華先生引西爽本校〈武帝紀〉「橋玄」為「橋公」之誤，〔註16〕趙幼文先生引陳校本校〈先主傳〉注引《英雄記》「君憂其病」。〔註17〕可見盧弼在版本運用時未能收錄有價值的異文，導致校勘的闕陷與失漏頗多，吾人應審慎觀之。

〔註9〕〈覆胡綏之先生書〉，收入於《三國志集解》，頁8。
〔註10〕《三國志集解》，頁1081。
〔註11〕《文選附考異》卷六〈魏都賦〉，頁69。
〔註12〕《三國志校箋》，頁1833。
〔註13〕百衲本《三國志》，頁4667。
〔註14〕《三國志集解》，頁130。
〔註15〕百衲本《三國志》，頁4251。
〔註16〕《三國志叢考》，頁56。
〔註17〕《三國志校箋》，頁1206。

　　《集解》內的校勘問題還不僅於此。由於盧弼未能運用各版《三國志》優點，參用不少清人校本或校勘成果來補充，可是校勘內容又如柴德賡先生所說：「雜引各本互校，只記異同，不能定其是非，無所適從」。遂有引他校本而誤者。如〈荀彧傳〉的裴松之注評有「王道既微，橫流已及」，《集解》引殿本「及作極」。〔註18〕考百衲本實作「及」。〔註19〕此「及」字據吳金華先生研究，指災禍臨頭，故《晉書》、《續後漢書‧百官志注》等，如遇天災人禍的蔓延，多以及字表示。〔註20〕所以殿本實以不誤為誤，《集解》不當引之。

　　至於盧弼自校處亦有以是為非或校勘不全者。如《三國志‧華覈傳》：「西境艱險」。《集解》稱「各本艱作報」。〔註21〕盧弼此說不確，據宋百衲本《三國志》依舊作「西境艱險」，殿本考證亦道「宋本作艱險」。〔註22〕何來「各本艱作報」。還有〈孫策傳〉注引《江表傳》中的「道士琅邪于吉」，盧弼稱「馮本于作干，誤」。〔註23〕其實百衲本亦作「干吉」。〔註24〕吳金華先生引《後漢書‧襄楷傳》與李賢注引《江表傳》皆作「干吉」。〔註25〕可知干吉之稱實非孤證，是否有誤值得探討。其餘校勘不全處，吳金華先生的《三國志叢考》與趙幼文先生的《三國志校箋》多有補充，在此不述。

三、注解疏誤或闕而未注

　　注釋的重要性正如清代學者陳澧之言，「時有古今，猶地有東西南北。相隔遠，則言語不通矣。地遠，則有翻譯；時遠，則有訓詁。有翻譯，能使別國如鄉鄰；有訓詁，則能使古今如旦暮」。〔註26〕從另一方面來看，「為之箋與疏者，必語語核其指歸，而意象乃明，必字字還其根據，而佐證乃確。才不必言，夫必有什倍於作者之卷軸，而後可以從事焉」。〔註27〕倘若補注史書距離補者太遠，其間的隔閡更需耗費心力彌補。如此繁雜的工作，即使是博覽全書、精通三國的盧弼亦不免出現史義不明，啟人誤意處。如〈秦宓傳〉中的「處士任安」，盧弼曰：「不應州

〔註18〕《三國志集解》，頁 343。
〔註19〕百衲本《三國志》，頁 4363。
〔註20〕《三國志叢考》，頁 74。
〔註21〕《三國志集解》，頁 1173。
〔註22〕百衲本《三國志》，頁 4937。
〔註23〕《三國志集解》，頁 922。
〔註24〕百衲本《三國志》，頁 4753～4754。
〔註25〕《三國志叢考》，頁 166。
〔註26〕陳澧，《東塾讀書記》卷十一〈小學〉（台北：世界書局，1961），頁 1。
〔註27〕《道古堂文集》卷八〈李太白集輯注序〉，頁 278。

郡辟命，曰處士」。〔註 28〕不過這不是處士的本意，據《後漢書・劉寬傳》注「處士，有道藝而在家者」，而非不應州郡辟命者。又如〈彭羕傳〉有「體公劉之德」一語，盧弼引鄭箋「公劉，后稷之曾孫也」釋之。〔註 29〕據趙幼文先生考證，此句出處為《詩大雅・公劉》毛傳所載，非出於鄭箋。〔註 30〕

另外，《集解》內的註解亦有不明其意或缺而未注者。如〈諸葛亮傳〉中的「遂用猖獗」。《集解》引胡注「猖披、猖獗、顛蹶」，卻未加以解釋，將猖獗之意明白說出，以致後人不甚了解。又如〈楊儀傳〉注引《楚國先賢傳》有楊儀兄楊慮事蹟，盧弼謂：「楊慮事又見《魏志・呂布傳》注」。〔註 31〕細查〈呂布傳〉注未見楊慮事蹟，此似為盧弼注解不慎致誤。

四、考證、評論失實

《集解》對《三國志》的考論，多且廣，不乏過人之見，但著者盧弼由於意識型態以及引書未考其失等因素，都讓他的評論失去允當與客觀性。〈周群傳〉載張裕被劉備挾恨誅殺事，盧弼特為劉備開解，認為「昭烈以蜀方新造，恐其煽惑人心，俾無固志，誅之是也。裕知數而不知慎密之義，未聞道耳」！〔註 32〕劉備是否「恐其煽惑人心」而殺張裕，實難得知，由劉備「芳蘭當門，不得不鉏」之語，不難看出劉備雖知張裕之材，卻「常銜其不遜」而殺之的心情。盧弼則未指出此點。又如〈明帝紀〉「七年夏五月，（文）帝病篤，乃立為皇太子」一事，盧弼評論到「至病篤時，始立明帝為太子，非本志也。若心圖篡，厥後不昌，天之施報，其不爽乎」！〔註 33〕這種「厥後不昌，天之施報」的因果論批評似過於偏激，實不足法。

另外，《集解》內亦有不少缺乏考證以致立論失實處。如引洪飴孫《三國職官表》的成果，以幾品為官階區分標準。〔註 34〕但從《三國志》、《魏略》的記載來看，官階仍以祿秩為主而非品階。《三國志・倉慈傳》末：「自太祖迄於咸熙，魏郡太守陳國吳瓘、清河太守樂安任燠……，或哀矜折獄，或推誠惠愛，或自身清白，或摘姦發伏，咸為良二千石」。《魏略》：「材官校尉，黃初中置，秩比二千石」、「度

〔註 28〕《三國志集解》，頁 830。
〔註 29〕《三國志集解》，頁 843。
〔註 30〕《三國志校箋》，頁 1366。
〔註 31〕《三國志集解》，頁 851。
〔註 32〕《三國志集解》，頁 860。
〔註 33〕《三國志集解》，頁 124。
〔註 34〕《三國志集解》，頁 479。

支中郎將，秩二千石」。〔註35〕可知三國仍以祿秩區分官階。又〈後主傳〉：「亮南征四郡，四郡皆平」。盧弼謂：「終亮之世，夷不復反，遠謀碩畫，夐乎不可及已」。〔註36〕其實諸葛亮南征後，南中反叛依舊，「叟夷數反，殺太守龔祿、焦璜，是後太守不敢之郡，只住安上縣，去郡八百餘里，其郡徒有名而已」。〔註37〕尤其是「南夷豪帥劉冑反，擾亂之郡」，迫使諸葛亮不得不撤換庲降都督。〔註38〕由這些不斷反抗的事件來看，盧弼所稱實是未經考證而作的立論，內容頗值商榷。

當然，在觀察這部書的缺失時，不應否認盧弼搜羅資料的用心與精采論辯的地方。他收集整理數百年來的《三國志》研究、考證成果，發表自己的看法，寫出《三國志集解》一書。不僅為後人研究《三國志》帶來方便，幫助我們了解前人研究，還增加了《集解》的學術價值。至今，《集解》仍是研究《三國志》不可忽略的書籍，也是有待今人開發與利用的一部書，值得吾人重視。

〔註35〕《魏略輯本》，收入於《三國志附編》，頁 9～10。
〔註36〕《三國志集解》，頁 771。
〔註37〕《三國志‧張嶷傳》，頁 1052。
〔註38〕《三國志‧馬忠傳》，頁 1048。